ポイント別でわかりやすい！地方議会・議員の基礎知識

鵜沼 信二 著
元全国都道府県議会議長会
事務局次長

中央文化社

はじめに

地方議会は住民代表機関として当該団体の意思決定、長の行政執行監視あるいは政策提言等の諸機能発揮が期待されています。

そうした機能発揮は、住民の直接選挙により選出される議員一人ひとりの活動により実現するものであり、議員の議会活動の充実強化が望まれるところです。

議員が住民代表として議会活動を展開し議会の機能発揮に寄与するためには、その前提として現行の地方自治制度における議会及び議員の権限と義務、あるいは長と議会の関係、さらにはそうした権限や義務を行使するための議会の運営（本会議、委員会の運営原則）に関するルール等を各人が正しく理解し、共通の認識を有する必要があると思います。

一方、議会運営を巡るトラブルも少なからず散見することができます。そうした事態の発生は議会制度や議会運営の基本原則にそぐわない運営が行われていることに起因するものが大半であると思われます。

議会内部のトラブルで済むうちは良いのですが、執行機関あるいは住民をはじめ当該地方公共団体以外の者とのトラブルに発展するケースもあります。

そのような事態は、議会や議員の機能発揮の充実の妨げになるばかりか議会に対する住民の信頼、評価の低下に繋がり議会制度そのものの否定にも通じることとなり、はなはだ不都合な結果を招来するもので、可能な限り回避したいものです。

本書はそうした観点に立って、新人議員を念頭におきつつ、ベテラン議員にも役立つことも考慮し、地方議会の制度、運営に関する原則と運用について解説することを目的として令和3年（2021）1月号から令和5年（2023）3月号まで月刊「地方議会人」に「議会運営講座」として連載したものをこの度、機会を得てその後の法令改正等を踏まえ加筆訂正し、単行本化したものです。

議員諸兄の地方議会制度、運営に関する基本原則の再確認と今後の議会活動の展開に参考となれば幸いです。

2023年9月

鵜沼　信二

ポイント別でわかりやすい！　地方議会・議員の基礎知識

目次

凡　例

◉法令等の標記について

1　本文中は正式名称を用いる

（例）地方自治法、公職選挙法、標準会議規則

2　根拠、参考として掲げる場合は次のとおり略称を用いる。

①地方自治法第96条第1項＝地自法96①

②公職選挙法第92条＝公選法92

③行政実例＝行実

昭和30年3月30日行政実例＝昭30・3・30行実

④標準都道府県議会会議規則第1条＝県会規1

標準市議会会議規則第1条＝市会規1

標準町村議会会議規則第1条＝町村会規1

⑤標準都道府県議会委員会条例第1条＝県委条例1

標準市議会委員会条例第1条＝市委条例1

標準町村議会委員会条例第1条＝町村委条例1

◉年の標記について

原則として元号を用いるが、読者の便に供するため適宜西暦を併記する

ポイント別で
わかりやすい!
地方議会・議員の
基礎知識

第1章　議会・議員の役割と長との関係／議員の身分の発生と喪失

Q

議会・議員の役割と長との関係は？

A

議員と長はともに住民の直接選挙で選ばれる住民代表です。

長には、当該団体の行政執行権が、議会には行政執行の前提となる条例、予算等の議決権及び行政執行の適正確保のための監視権が、議員には議会の機能発揮の担い手としての地位とその活動に必要な権限が付与されています。

議員の役割は議員が代表する個別の住民利益の実現を図ることではありません。それぞれが負託を受けた住民意思を背景に、当該団体全体にとって最善の政策実現を図るため、一致団結して長と対峙していくのが本来の役割です。

議会・議員と長の関係（議会・議員と長は対等）

日本国憲法はその第93条に「地方公共団体には、法律の定めるところにより、その議事機関として議会を設置する。」と規定し、さらに「地方公共団体の長、その議会の議員及び法律の定めるその他の吏員はその地方公共団体の住民が、直接これを選挙する。」と定めています。

地方議会は地方公共団体の議事機関であり、議会を構成する議員は長とともに住民の直接選挙で選ばれる住民代表です。その限りにおいて、両者は対等な関係にあるといえます。

長には行政執行権を、議会にはその前提となる条例等の議決権及び監視権を付与し、議員には議会の機能発揮の担い手の地位を付与しているのです。

このように執行権と条例、予算等の議決権及び監視権を異なる機関に付与し、その権限を行使する者をともに住民が直接選挙することにより権限の均衡と相互抑制を図り、もって、行政運営の適正化を確保しようとする仕組みが、いわゆる二元代表制といわれるものです。

しかしながら、具体的な権限の付与の仕方によっては必ずしも、力の均衡はうまく保てません。

現実には議会よりも長の権限が強く、議会・議員の機能が発揮されにくい場合が多いのです。これが、住民の議会に対する評価を貶《おとし》めている原因の一つになっていると考えられます。地方議会議員の多くは長の権限が強すぎると考えているようです。

その原因はいくつかあると思いますが、まず、制度的な問題としては、①当該地方公共団体の予算の提案権（調製権）が長に専属していること（地自法112、149、211）、②議員に議案の提案権が付与されているものの行政執行の前提としての議案等、議員に提案権がないとされるものが多い（地自法96、112）こと、そして運用上の問題としては、③議会の権限行使は個々の議員の合同行為であるにもかかわらず、議員活動や権限行使が議会の権限としてまとまり難いことにあると考えられます。

①、②については地方自治法が基本的に長に議案の提案権を広範囲に認める一方で、議員にも議案提案権を認めていますが、予算については長に専属せしめ、議員の提案権を否定しています（地自法112、149）。

つまり、長は、議会内部の問題に関する条例を除き、すべての条例の提案権と予算の提案権を有することとされています。執行権を有しながら一方で、その前提となる条例等の提案権も同時に有しています。これに対して、議員は、予算及び長の執行権の前提となる条例等の議案を除いた一部の条例の提案権しか有しないのです。

しかも、議員が提案権を有するとされる条例であっても条例の施行には予算を必要とするものが大半であり、議員の条例提案の妨げになっているのが実態です。

議員の役割

議員は議会の一構成員であり、個々の議員がそれぞれの負託を受けた住民の意思を反映させるために、協同して議会の権限を行使するのです。つまり議会の権限行使は議員による合同行為なのです。

しかしながら、議員一人ひとりが個々にその地位を活用し、自らの選出母体である特定地域や団体の利益につながる活動をする。それが議員の役割と考える議員が多数存在する実態があります。その結果として、議会と長の関係が、議員一人ひとりと長との関係になってしまい、議員活動が「議会力」につながらず、議会が本来の役割を発揮できない結果になってしまうのです。

それが、先に述べた③の問題になっているのです。つまり、議会の権限行使は議員の合同行為であり、議員が協同することによって長と議会の対等な関係が実現するのに、その合同行為がうまく行われないことで議会としての力が弱まる結果になっているのではないでしょうか。

地方議会議員は一致団結して長と対峙していくのが本来の役割であり、それが行われるのが議会であり、議会審議のあり方であるという認識を新たにして活動されることが望まれます。

具体的には、長が提出した議案の審議に際し、議会として議決機能を最大限に発揮できるよう議員が議論を尽くすことです。すなわち、当該議案にどのような問題、課題があるのか、当該団体全体にとって最善のものであるのかどうかなどを質問や質疑、さらに議員同士の議論を尽くす中で明らかにして、議会としてまとまった考えを長に示していく、また住民に明らかにしていく。これが議会機能の発揮につながることになるのではないでしょうか。

Q 議員の身分発生日とは?

A 議員がその身分を取得するのは、一般的には、当選の効力発生日、つまり当該選挙の当選告示があった日からとされています。しかし、通常、地方議会議員の選挙は議員の任期満了日よりも前に行われることから、当該選挙の当選人の告示が行われても、なお、現職議員の任期が満了していません。したがって、現在の議員の任期満了日の翌日に身分を取得する、ということになります。

身分の取得

地方議会議員は前に述べたように長と同様、当該地方公共団体の住民の直接選挙に当選することによってその身分を取得することになります。

そして、実際に議員がその身分を取得するのはいつか、つまり当選の効力が発生する日はいつかというと、それは、一般的には、当該選挙の当選告示があった日からと解されています。

当選等の効力の発生について規定した、公職選挙法第102条に、「当選人の当選の効力は選挙管理委員会が当選人の住所、氏名を告示した日から生ずる。」とされていることからそのように解されています。

したがって、議会の解散などにより、議員が一人もいない状態で議員の一般選挙が行われたときは、新たに選挙された議員の身分の取得日は、当該選挙の当選告示がなされた日からと解されています。

しかし、通常、地方議会議員の場合、当該選挙の当選人の告示が行われても、なお、現職議員の任期が満了していません。現在の議員の任期満了日の翌日に身分を取得するのです。

任期の開始

議員の任期は4年とされています（地自法93）。その任期の開始日は一般選挙の日からとされています。ただし、任期満了による選挙が、任期満了前に行われて、前任者が在任しているときは、前任者の任期満了日の翌日から開始するとしています（公選法258）。

補欠議員の任期については、公職選挙法は「一般選挙により選挙された議員の任期満了日まで在任する。」として任期の終了日は規定していますが、起算日は規定していません。

Q 議員はどのようなときに身分を喪失するの？勝手に辞職できるの？

A

議員の身分喪失事由には被選挙権の喪失、議会の解散による失職等法律に基づくもののほか、議員の意思に基づく辞職があります。

議員が辞職しようとする場合は本人の意思のみによるのではなく、辞職願を議長に提出して、議会または議長の許可を得ることが必要です。

議員の身分の喪失

議員がその身分を喪失する事由は、①議員の任期満了、②辞職、③選挙又は当選無効による失職、④被選挙権の喪失、⑤議会の解散請求、または議員の解職請求に基づく失職、⑥議会の除名議決による失職、⑦議会の解散による失職があります。

議員辞職

議員は自己の意思により立候補し住民の直接選挙により住民の信任を得て当選したのですから、本来その職を全うするべきで、自己の都合により勝手にその職を辞すことができるものではありません。しかし、身体上の理由など辞職することに正当な理由がある場合にも絶対に辞職することが許されないとするのも合理的ではないことから、辞職する場合は本人の意思のみではなく、議会または議長の許可により、その職を辞することができることとされています（地自法126）。

辞職の許可は原則として議会の議決が必要ですが、閉会中に辞職の申し出があった場合には議長が許可することができます。

・議員辞職の手続き

議員が辞職をしようとするときは、議長宛に文書により辞職願を提出します。議員が辞職できるのは議会または議長の許可があったときですから、議長宛に提出するのは辞職届ではなく、辞職願です（昭25〔1950〕・3・22行実）。

議長は、辞職願を受理したときは、会期中はこれを会議に諮《はか》ります。閉会中は議長が許可することができます（地自法126）。会期中は、休会中であっても、議会に諮らなければなりません。議長において許可することはできません。

議長が議員の職を辞したいときは、副議長に辞職願を提出します。閉会中に議長に事故あるとき、または議長が欠けているときは、副議長に対して辞職願を提出してその許可を得ることができます。また、議長、副議長ともにないときは、年長議員に対し辞職願を提出し、年長議員において許可することができます（昭23〔1948〕・6・21行実）。

・会期中の許可手続き

議長は議員の辞職願を受理したときは、直近の会議に諮りその許否を決定します。会議においては、議会は正当な理由がない限り辞職願を拒否することはできない（昭24〔1949〕・8・9最高裁）こととされていますから、基本的には、これを許可するものです。

議員の辞職を議会の許可にかからしめたのは、住民の直接選挙により住民の信任を得て就任した職を、議員の意思のみによって辞すこととするのは適当ではないからです。

したがって、例えば除名の懲罰を受ける恐れがある議員が、その懲罰処分を避けるために辞職願を提出した場合など、その辞職理由に正当性を欠くような場合以外は、原則として許可することとされています。

・閉会中の許可手続き

閉会中に議員の辞職願が提出された場合、議長は正当な理由の存否を確認して許否を決することができます。閉会中であっても1日後に定例会が開催されることとなっている場合は、議長は閉会中の許可をしないで会議に諮ることもできます。

・先付けの辞職願の取り扱い

議員の辞職願は一般的には単に辞職したい旨の申し出ですが、辞職をする日を指定した辞職願を提出することができるかという問題があります。これについては特段禁止する規定もないことから、その理由に正当性があれば認められるものと解されています。

その場合、一般的には議決の場合は議決のとき、閉会中の議長許可の場合は、許可の決定がなされたことを当該議員に通知したときから、その効果が発生すると解されています。しかし、先付けの辞職願を許可した場合は、当該指定した日に発生するものと解されます。

・辞職許可願いの撤回

辞職願提出後これを撤回することは、議会または議長の許可があるまでは可能と解されています（昭24〔1949〕・6・20地裁判決）。

閉会中に辞職願が提出され議長がこれを許可する決定をした後、許可の通知が本人に到達する前に議長に撤回する旨の届出があった場合は辞職の効果は発生しないこととなります（昭34〔1959〕・11・17行実）。

Q 「議会の解散」って何？

A 議会の解散とは、当該地方公共団体の議員全員の身分を喪失させるもので、議会が行った長の不信任議決に対抗し長が行う解散、議会自らが世論の動向を勘案して議決により行う解散、及び直接請求に基づく住民投票による解散があります。

長による議会の解散

議会が長の不信任議決を行ったときは、長はその通知を受けたときから10日以内に議会を解散することができます。10日以内に議会を解散しないときは長がその職を失うこととされています（地自法178）。

これは、住民に直接選挙された長と同様に住民の直接選挙で選ばれた議員で構成する議会との間に対立が生じ行政運営に重大な支障を来たし、その結果住民福祉に多大な影響を与えるような事態に立ち至った場合は、地方自治制度の本旨に従い、長と議会のいずれに正当性があるかの判断を住民に委ねようとするものです。

議会による解散決議

地方議会は当該議会の解散を議決することができます（解散特例法2①）。

解散の議決は議員数の4分の3以上の議員が出席し、その5分の4以上の者の同意が必要です（解散特例法2②）。

議会が自主解散することができる場合については具体的には規定してはいませんが、法律の趣旨において、「議会の解散の請求に関する世論の動向にかんがみ……」（解散特例法1）としていることから、世論と無関係に議会が自由に解散権を行使することはできないと解されます。

議会の解散議決があったときは議決のその時に解散されますのでその時点で全議員が失職します。

議会の解散請求

議会の解散請求とは、当該議会の議員すべての職を任期満了前に失わせることを求めるもので、直接請求権の一つとして認められているもので、選挙権を有する者の一定数以上の連署を持って請求することができるものです（地自法13）。

この請求があったときは選挙管理委員会は投票に付さなければならず、有効投票の過半数の同意があったときは議会は解散され、当該議会の議員すべてが失職します（地自法13、76、78）。

第2章 兼業禁止（請負禁止）

Q 兼業禁止とは何？どのようなことが、なぜ禁止されるの？

A

兼業禁止とは、地方議会議員が当該地方公共団体に対し請負をしたり事業を請け負ったりする法人の役員であることを禁止するもので、請負関係を解消しないと議員の職を失うことになります。

議員がその立場を利用して議会審議において自己に有利な影響力を発揮することを避けるためです。

兼業禁止（請負禁止）

地方議会議員は一般職の公務員とは異なり自ら営利事業を行うことができますが、当該団体に対し請負をしたり、請負をしたりしている法人の役員たることはできません。これを兼業禁止、または請負禁止といいます。

すなわち、普通地方公共団体の議会の議員は、当該普通地方公共団体に対し請負をする者及びその支配人又は主として同一の行為をする法人の無限責任社員、取締役、執行役若《も》しくは監査役若しくはこれらに準ずべき者、支配人及び精算人たることができない――こととなっています（地自法92の2）。請負関係を解消しないと議員の失職事由の一つに該当し議員の職を失うことになります。

なぜそうした制約を加えているかと言うと、その趣旨は、議員はその地位を利用して当該団体の事業に影響力を発揮できる立場にあることから、自己に有利な影響力の発揮を防止することにあります。

地方議会の議員は、当該団体の契約の締結に関する議案の審議に参与でき、その地位を利用して当該団体の契約締結の事務・事業に直接・間接に関与することが可能となることから、議会運営の公正性及び事務執行の適正化を確保する観点により、当該団体と請負関係に立つことを禁止しようとするものです。

もちろん、この兼業禁止は、議員だけではありません。知事・市町村長及び副知事・副市町村長等にもこの規制はあります。

議員の請負禁止制度は、戦前の市制・町村制の時代にはありましたが、戦後の昭和22年（1947）の地方自治法制定時には設けられていませんでした。昭和31年（1956）の地方自治法改正で、議員についても規制の対象とする改正が行われて現在に至っています。

それは、戦後の地方自治法制定時には外したものの、議員と当該団体との請負関係が発生して当該団体の事務執行に関与することが増え、当該団体の行政執行の公平・公正を阻害する事例が発生したことによるものです。地方が独自に規制する条例を制定する動きが生じたことから、地方自治法によって規制することになったという経緯があります。

請負が禁止される2態様

請負が禁止される態様は、議員個人が請負関係にある場合と、議員が主として同一の行為をする法人の役員等である場合の当該団体との請負関係にある場合の2通りあり、それらが禁止されています。

個人経営である場合は、従来、議員は請負金額の多少に関係なく請負禁止の対象とされていました。

しかし、このことが、議員に立候補することを躊躇させ議員のなり手不足の一因にもなっているとの指摘が市議会議長会、町村議会議長会はじめ関係者からなされ、従来から、法人役員である場合との均衡を考慮してその緩和が求められていました。

関係団体の継続的な要請活動により、令和4年（2022）第210回国会において議員立法により個人経営の場合の請負禁止の緩和（地方自治法第92条の2関係）を盛り込んだ地方自治法の一部改正が成立し、令和4年12月16日に交付されました。

その結果、議員個人による請負に関する規制は、「各会計年度において支払を受ける請負の対価の総額が地方公共団体の議会の適正な運営の確保のための環境の整備を図る観点から政令で定める額を超えない者を、議員個人による請負に関する規制の対象から除くこと」とされました。

政令で定める総額の上限額は、300万円とされました。

また当該地方自治法の改正施行日は令和5年（2023）3月1日です。

法人の場合は主として同一の行為をするという請負の範囲、基準内の場合が対象になります。

「主として同一の」とは、当該団体との請負が請負をする法人の業務の主要な部分を占めるということであり、その基準とは一般的には法人の業務全体に当該地方公共団体との請負契約が占める割合が50パーセント以上と解されています（昭32〔1957〕・5・11行実）。

しかし、50パーセントを超えない場合であっても、当該請負が主要部分を占め、その重要度が長等の職務執行の公正、適正を損なうおそれが類型的に高いと認められる程度にまで至っている事情がある場合は該当するという判決もあり（昭62〔1987〕・10・20最高裁）、明確ではありません。

また、法人とは、営利を目的とする各種会社、公益法人、一般社団、財団法人、さらには農業協同組合等も含まれます。地方自治法第92条の2の「これらに準ずべき者」とは、法人の無限責任社員、取締役もしくは監査役と同程度の執行力と責任とを当該法人に対して有するものの意であると解されています（昭31〔1956〕・10・22行実）。

請負の意義と要件

地方自治法が禁止している請負とは、民法上の請負（民法632）だけではなく、営業として、当該団体に対して物件、労力などを供給する契約も含むこととされており、広く業務として行われる経済的、営利的な取引を含む概念です（昭32・12・3最高裁）。

また、請負の要件としては、①継続、反復性のある取引関係であって、売買契約などの一回限りの取引は含まれない（昭27〔1952〕・6・21行実）、②請負内容について契約の自由があるものであること、とされています。したがって、児童福祉法第24条に基づく保育委託などは、自由性がないので該当しない（昭39〔1964〕・12・7行実）、③営利性があるものである、などの基準が示されてきましたが、請負の要件と言うのは不明確で、その基準を明確にすることが要請されてきました。

その結果、同じ令和4年地方自治法改正により、あらたに規制の対象となる請負の定義が明確に規定されました。

その定義は、「業として行う工事の完成もしくは作業その他の役務の給付又は物件の納入その他の取引で当該普通地方公共団体が対価の支払をすべきもの」とするものです。

Q 兼業禁止に該当するかどうかは、本人が判断するほか、誰がどのような手続きで判断するの？該当する場合はどうなるの？

A 兼業禁止、請負禁止に該当するかどうかは、一義的には本人が判断するものですが、請負禁止に該当するかどうかを判断する権限は、議会にもあります。
つまり、他の議員が、特定の議員を請負禁止に当たるとして、地方自治法の規定に基づく資格決定要求を提出することが出来、この要求が出されると、議会が議決により決定することとされています。

失職及び資格決定

地方自治法127条1項は、議員がその職を失う事由として、議員が被選挙権を有しない者であるとき及び、兼業禁止（地自法92の2）に該当するときを規定しています。

そして、被選挙権の有無（一部を除く）及び兼業禁止規定に該当するかどうかは、議会が決定するとしています。つまり、被選挙権の有無のうち、住所要件及び年齢要件の適法性及び兼業禁止規定該当の有無の決定は、議会の権限とされています。

発案権及び手続き

資格決定事件の発案権は議員に専属します（昭37〔1962〕・5・1行実）。

手続きとしては、各議会の会議規則の規定に基づき、議会の決定を求めようとする議員は、その理由を記載した要求書を証拠書類とともに議長に提出しなければなりません。また資格決定の審査については、その事件の重要性から懲罰審査と同様に委員会付託を省略することができないこととされています（県会規106、市会規

149、町村会規101）。

資格決定の審査を求められた議員は自己の資格に関し弁明することはできますが、決定に加わることはできません（地自法127③）。決定は議長を含む出席議員の3分の2以上の多数により決定し、文書により理由をつけて本人に交付しなければなりません（地自法127①、④、118⑥）。

失職の時期

議会が兼職禁止規定に該当するとして決定した場合の効果は、決定のときから発生すると解されています（昭37・5・1行実）。

つまり議会が決定した時点で当該議員は議員の職を失うものと解されています。

決定に対する審査の申し立て

議会の行った資格決定に対し不服のある者は、都道府県議会の決定については総務大臣に、市町村議会の決定については都道府県知事に対して審査の申し立てができ、その裁決に不服のある者は出訴することができます（地自法127④）。

議会の決定に対し不服申し立てができる者は資格決定の対象となった者であり、議会が資格ありと決定した場合に兼業禁止に該当するとして資格なしという決定を求めて、資格決定要求書を提出した者が不服申し立てをすることはできないと解されています（昭56〔1981〕・5・14最高裁判決）。

市町村議会において資格審査の要求があった事例は平成26年（2014）4月1日から平成30年（2018）3月31日までの4年間で11団体12例あります。このうち議会が兼業禁止に該当すると決定したものは7件です。この決定に対し、不服審査の申し立てが行われたのは6件で、そのうち都道府県知事の裁決が処分取り消しとなったのは半分の3件となっています（総務省調査資料、地方自治月報第58、59号）。

不服審査の申し立ての半数が、知事裁決で議会の処分が取り消しになっているという事実は、いかに兼業禁止に該当するか否かの判断基準が明確でないかを物語っていると同時に、兼業禁止制度が選挙や政争の道具として利用されるケースも少なくないのではないかと考えられます。議会における公正かつ慎重な審議が要求されるのではないでしょうか。

第3章　議員の地位と処遇

Q　地方議会議員の法律上の位置付けはどうなっているの？

A　地方議会議員は地方公務員法上、特別職の公務員とされているのみで、この規定以外に地方議会議員の位置付け、常勤・非常勤の区別やその職責、職務権限さらには他の公務員との関係については何の規定もありません。

議員の法律上の位置付け

地方議会議員は当該地方公共団体の特別職の地方公務員とされています（地公法3条）。現在の法的な位置付けとしてはそれだけです。

地方議会議員は、一般的には非常勤の特別職公務員であると解されていますが、法的には地方公務員法に特別職の公務員として規定されている（地公法3条）のみで、その勤務形態について常勤とも、非常勤とも位置付けられていません。

平成20年（２００８）の議員に対する報酬の支給方法に関する地方自治法の規定の改正以前は、議員と行政委員会等の非常勤の職員に対する報酬支給規定が同じ条文で括られていたことから、一般的な認識として議員も非常勤であると捉えられているに過ぎません。

公務員は常勤・非常勤を問わず任命権者がいて、一定の指揮監督者の下、その命令に従って業務に従事するもので、業務に従事する場所や時間が決められているのが通常です。

しかし議員は住民の直接選挙で選ばれる公選職であり、任命権者も指揮命令権者もいません。議会内の会議等においては秩序維持の観点から議長や常任委員長等の議事整理権や秩序保持権に服する義務はありますが、議会外における議員としての活動においては議長や常任委員長等の指揮命令権は及びません。議員同士においても議員平等の原則の下、それぞれが独立しており、議員の活動を律するのは議員自身しかいません。職務・職責が法律に規定されていません。

地方議会議員は常勤でもなければ非常勤でもない、さらには名誉職ともいえないという、きわめて曖昧な地位にあります。

地方自治法上の規定については、本稿「議員報酬の支給根拠と議員の職務、職責」の項（次々頁）を参照してください。

Q 議員に対して公費をもって支給できる経費はどんなものがあるの？支給根拠とその性格は？

A

議員に対し公費で支給されるものは報酬、費用弁償、期末手当、政務活動費のみであって、他のいかなる経費も支給することができません。

議員報酬とは議員の職務提供に対する対価で、議員に支給しなければならないものです（地自法２０３）。

費用弁償は、職務を行うため要する費用であり、条例で規定すれば公費をもって支給できるものです（地自法２０３②）。

議員報酬、期末手当

地方自治法は、長及び常勤の職員には給料を（地自法２０４）、議員には議員報酬を（地自法２０３）非常勤の職員には報酬（地自法２０３の２）を支給しなければならないとしています。

議員報酬については、地方自治法第２０３条に「議員に対し議員報酬を支給しなければならない。」としていますが、議員報酬の定義や支給基準についての規定はなく、支給額及び支給方法については条例で定めるとしています。

一方、議員以外の非常勤職員に対しては第２０３条の２で「委員会の委員……その他非常勤の職員に対し報酬を支給しなければならない。」とした上で、報酬はその勤務日数に応じてこれを支給すると規定しています。

一般的には報酬とは、非常勤職員の勤務に対する反対給付として支給される金銭、すなわち提供した役務に対する対価であると解されています。

それは、前記の「報酬はその勤務日数に応じてこれを支給する。」という規定からそのように解されているのですが、議員については、勤務日数に応じて支給するという規定はありません。したがって、実態は月額の定額支給です。それは、議員の場合はその職務が議会の会議に出席することだけではないことから、職務実態が必ずしも明らかではなく、したがって、勤務日数という概念も明確でないことから月額支給が認められているものと解されます。

平成20年の地方自治法改正以前は、議員と委員その他非常勤職員に対する報酬支給の根拠は地方自治法第203条に一緒に規定されており、「議会の議員以外の者に対する報酬は、その勤務日数に応じてこれを支給する。」とされていたものが、職務形態が異なる議員とその他非常勤職員を分離して規定されたのです。

しかし、議員報酬はあくまでも議員の職務提供に対する対価であり、常勤職に対する給料とは性格を異にするものです。それは、議員報酬は全額差し押さえることができるとされることからも明らかです（昭31〔1956〕・11・1行実）。

また、地方議会議員には期末手当を支給することができることとなっています（地自法203）。

期末手当は性格上常勤職員に対して支給されるものですが、昭和31年（1956）の地方自治法改正で、国会議員に対して支給されていることとの均衡上、条例に規定することにより支給できることとなったものです。

費用弁償

地方公共団体の議員は、その職務を行うために要する費用の弁償を受けることができます。その支給額及び支給方法は、条例で定めなければならないこととされています（地自法203②、④）。

費用弁償は、議員の職務を行うに要する経費ですから、一般的には、交通費、旅費その他職務を行うに実際に要する経費であり、実費的な性格のものです。しかし、その額は、実際に要した実額と同一でなければならないとは、解されていません。交通費、日当、諸経費等を勘案し標準的な一定の額を条例に定める定額方式を採用することも可能です。

費用弁償の支給対象となる議員の職務とは、一般的には、議会の本会議及び開会中の委員会及び地方自治法第100条第12項に基づく協議又は調整の場に出席すること又は、閉会中の継続審査・調査事件が付託されている委員会に出席することと解されています。

なお、会議出席のほか、議員の職務として議員が委員派遣や議員派遣の手続きにより、旅行したときは、旅費条例に基づき、要する経費が支給されます。

議員報酬の支給根拠と議員の職務、職責

前述のとおり、地方自治法第203条2項は「議員は職務を行うため要する費用の弁償を受けることができる。」と規定していますが、ここでいう費用弁償の支給対象となる議員の職務は、本会議又は委員会への出席、議員派遣又は委員派遣の手続きにより派遣された場合のみと解されています。このことからすれば、特別職の公務員としての地方議会議員の職務として位置付けられるのは、前記の職務のみになります。

一方、報酬支給の根拠となる職務は、必ずしも、費用弁償の支給根拠となる職務と一致しているとは考えられません。それは月額支給が認められていることから、本会議、委員会が開催されない月又は議員・委員派遣が全く行われない月も報酬が支給されることからも明らかです。すなわち、報酬支給の根拠となる議員の職務には、本会議又は委員会への出席、議員派遣又は委員派遣の手続きにより派遣された場合以外の議員として行われている日常の活動も職務として位置付けられていると考えられるのです。

議員報酬は議員の職務提供に対する対価であるとされていますが、そもそも、地方議会議員の職務・職責が何であるかということが、法律上明確にされておらず、解釈により異なるのが現状です。

議員報酬の支給根拠・基準となる議員の職務・職責が明確でなく、議会関係者と住民との間に共通認識が定着していないことにより、議員報酬をはじめ議員に対する公費支給のあり方について議員と住民との間に意識乖離が生じており、これが、地方議会議員の議員活動の積極的な展開の妨げの一因だという意見もあります。

そのような実態を踏まえ、全国都道府県議会議長会は同会に設置されていた「都道府県議会制度研究会」(平成16年〔2004〕4月～19年〔2007〕4月)、(令和元年〔2019〕5月～令和2年〔2020〕3月)の報告に基づき、継続的に地方自治法に地方議会議員の職務、職責を明確に規定することを要請しており、地方制度調査会においても、数次にわたり議論されていますが、地方議会議員の職務、職責を地方自治法に規定することによる法的効果に疑問があるなどの意見があり、いまだに実現していません。

なお、令和5年（2023）法律第19号の地方自治法改正により、地方議会の役割及び議員の職務等の明確化を図ることとされ、第89条が改正されました（2項、3項新設）が、議員等の職務については、同条第3項に「前項に規定する議会の権限の適切な行使に資するため、普通地方公共団体の議会の議員は、住民の負託を受け、誠実にその職務を行わなければならない。」という規定が新設されたに過ぎません。

この規定は、地方議会議員には誠実な職務遂行義務があることを規定したもので、地方議会議員の職責について記述したものであると解することもできますが、依然として第203条の規定ぶりと同様に単に「職務」とするだけであり、その職務が何であるかを具体的に明記するには至っていません。

本改正により、①地方議会が当該団体の議事機関であること、そして、その構成員である議員は当該団体の住民が選挙すること。②地方議会は当該団体の重要な意思決定に関する事件を議決し、検査及び調査その他の権限を行使すること――が明記されましたが、これらは憲法第93条並びに地方自治法第96条、第98条及び第100条その他の規定によりもとより明らかにされていることです。

令和5年の地方自治法改正は改めて第98条に総括的に表現しただけであり、新たな権限を付与したものではありませんが、議会の役割と責任の重要性について再認識を促すことにはなるものと考えます。

しかし、地方議会議員の職務について具体的に規定されていない以上、本改正により議会3団体の永年にわたる要求が完全に実現したものとはいえないと思います。

長期欠席議員に対する議員報酬の支給

地方自治法は、議員には報酬を支給しなければならないとしており（地自法203①）、議員には報酬請求権があります。また、本人の意思による報酬の返上は報酬請求権の放棄に当たり、これは公職選挙法の寄付に当たると解され、できません。また、条例の根拠がなく減額することは、報酬を支給しなければならないとする地自法に抵触し、報酬請求権の侵害に当たるとされています。したがって、長期に会議を欠席している議員の報酬を減額あるいは特定期間支給しないとする取り扱いは、条例に規定する必要があります。

長期欠席、あるいは、出席停止の懲罰を受けた議員に対しては減額できるという行政実例があります（昭24〔1949〕・8・25行実、昭32〔1957〕・5・16行実）。条例で規定すれば可能であるという裁判事例もあります。

したがって、一般的には、条例に特別の規定がなければ、議会を長期にわたり欠席していても、議員報酬を全額受けることができることになります。しかし住民感覚からすると、定例会や委員会を長期に欠席しているのに報酬が支給されるのはおかしいではないか、議員としての職務を果たしていないのになぜ支給されるのだということになるでしょう。

近年そうした条例を設けている団体、あるいは検討している団体が増加しています。

しかし、議員報酬の減額について条例で規定する場合においては、議員報酬の性格、地方議会議員の職務・職責は何かを十分検討したうえで規定することが必要です。議員の職務は、会議出席だけではありません。また、定例会や委員会が開催されない月も議員報酬が支給されている事実を考慮する必要もあります。

以上のほか欠席期間とその事由等を総合的に勘案して条例化することが必要ではないでしょうか。

費用弁償制度の経緯と運用の課題

費用弁償制度は府県制、市制町村制において、地方議会議員は名誉職とされ報酬が支給されない時代において報酬は支給しないが必要な費用は実費として支給するという考えに基づくものでした。

しかし、議員活動において多額の費用を必要とすることから、実費を超える額が支給されたり、費用弁償の名の下に各種の経費が支給されたりする傾向が招来し、これがかえって問題となったことから、名誉職制度を廃止し、報酬を支給することができる（昭和21年〔1946〕府県制改正時は、「報酬ヲ給スルコトヲ得」）こととし、費用弁償についても従来どおり受けることができる規定となった経緯があります。

その後、昭和22年（1947）の地方自治法制定においては、報酬は支給しなければならないとして、地方公共団体の義務とする規定になったのです。

さらに、報酬が支給されることになった後においても、通信費、調査研究旅費その他の名目で職務を行うために要する費用を逸脱するようなものが費用弁償制度の下支給する傾向が続いたことから、昭和31年の地方自治法改正により、報酬、費用弁償、期末手当以外はいかなる給与、給付もできないこととされたのです。

以上のような経緯から考えると、費用弁償は定額制が否定されていませんがあくまでも「職務を行うため要する費用」であり、手当てのような報酬の代替的給付として運用するべきではないと考えます。

定額制とするにしても、具体的な内訳が一般的な感覚において、報酬性が認められるものは許されず、費用性の範囲内の額であることが求められると考えます。

もちろん、議会の議決に基づく議員派遣や視察に要する実費は支給されるべきです。

いわゆる議員の公務出張に要する費用は弁償されるべきですから、このためには、法律及びそれに基づく条例によらずにいかなる給与、給付ができないとする公費支給の法定主義のもとにおいては、費用弁償を受給できる規定が必要であると考えられます。

政務活動費

政務活動費制度の趣旨、目的は、議会出席など議員の公務以外の公的な議員の日常活動にかかる経費の一部を公費支給することにより、議員の活動を活性化させ、もって議会の調査機能、監視機能、住民代表機能といった議会の諸機能の充実に寄与させようとするものです。

つまり、平成12年（2000）に創設された政務調査費制度の調査研究に加え、その他の活動に資するための経費の一部を支給するものです。ここで、その他の活動という概念の明確でない表現がなされているので混乱しますが、費用弁償の対象となるもの以外の日常の議員として必要な公的な活動と解されますから、その他の何でもかんでも含まれることにはなりません。

公的な議員活動とは何かについては次回以降で説明しますが、そうした活動に要する経費の一部を支給することで議会活動の充実に寄与させるのが法の目的ですから、公的な議会活動に資することに直接関係しないと思われる活動は対象にはならない、そのように解すべきです。

そして重要なことは、地方議会議員の政務活動は多様であり、相当の経費を要することから、その一部を公費支給することです。すなわち、地方議会議員の政務活動に要する全体の経費は、各自治体の条例で支給する政務活動費を上回るものである。上回る経費が支出されている状態が前提になるわけです。

ですから、条例上は収支報告によって残余があれば返還することが求められていますが、本来この規定は当然のことを規定したものであって、念のための規定に過ぎないのです。経費の一部を支給しているのですから、支給額以上の経費が会派又は議員において支出されているはずなのです。収支報告による返還額が多額であったり、返還があるのが常態であったりするのは好ましくありません。

総務省の施行通知でも従来から述べられているように、各議会の調査研究活動や政務活動の実態に応じて会派支給とするか、個人支給とするか、また両者とするか、そしてその額をいくらにするかを決定すべきです。

返還額が多額であったり、返還が常態的であったりするなら、当該議会の議員や会派の政務活動の実態に適合していない支給になるわけですから、額の見直しが必要になるのではないでしょうか。

第4章　議員の仕事

議員の仕事とは、合議体である議会の構成員として、議会の役割（機能）発揮の担い手として行うべき活動、すなわち、住民の直接選挙により地方公共団体の議会の構成員として選ばれた、住民代表として行うべきことという一応の定義付けができると思いますが、その具体的な内容は明らかではありません。

法律的な表現をすれば、議員の職責、職務ということになると思いますが、地方自治法上、議員の職責・職務に関する規定はありません。

Q 議会の役割（機能）とは？

A

議会には次のような住民代表機関としての本質的な役割があると考えます。

◎政策決定過程及び政策課題の解明と住民への周知
◎住民にとって最善の政策選択を行うこと
◎政策選択の結果の説明と説得

■議会の役割（機能）

地方議会の役割（機能）は、一般的に

◎議決機能
◎監視機能
◎提案機能

という3大機能があるといわれていますが、住民から直接選挙で選ばれる議員で構成する住民代表機関であるという、議会のよって来たる本質から果たさなければならない役割が3つあると思います。

①政策決定過程及び政策課題の解明と住民への周知（政策形成機能）

議会には、長の政策の策定の考え方や問題点・課題さらには当該団体の将来的政策課題を議会審議を通じて明らかにしていく、そして、これを住民に周知させていく役割（機能）があります。

長や執行部は独自にパブリックコメントをやり、決定された政策つまり予算や長期計画あるいは条例等の内容を住民に広報します。しかし、これらには多くの課題がありますが、その課題についてどのような議論を重ねて、結果としてそのようになったのかについては広報しません。

しかし住民は、なぜ、そういう条例が制定されたのか、なぜ、当該団体の予算はそういうことになったのか。策定にいたる議論の経過、なお残された当該団体の将来的な課題について知る必要が有るのです。なぜなら、それを知ることによって、その決定の一部に不満があったとしても、住民の代表機関である議会の最終的な選択結果として受け入れることができるからです。

②住民にとって最善の政策選択（審議・決定機能）

第2の議会の役割は、住民代表として住民の意向を踏まえ、住民にとって最善の政策を決定することです。あるいは、最善の政策を実現することです。

長提出の議案等について、住民の意思を確認しながら長とは違った目で、議案の良し悪しを議論する必要があります。

長は独任機関ですが、議会は複数の議員により構成する合議機関です。したがって、長よりも住民代表性が高く、より多様な住民意思を反映させることができる機関です。

ですから、議員がそれぞれの代表する多様な住民意思を背景に改めて議論し、総合的な観点から最善の選択なのかどうかを検証した上で、修正案の提出や議員提案により住民にとって最善の政策を選択、実現する役割があります。

③政策選択の結果（議決結果）の説明と説得（住民代表機能）

第3に議会審議を重ねて決定した結果、議会の行った政策選択は必ずしもすべての住民の意思に沿うものではないでしょうから、なぜ、そういう決定、そういう選択をしたかを住民に報告し説明、説得することも議会の役割です。

地方公共団体の意思は議会の議決によって確定するものです。したがって、最終的に政策を議決した議会が住民に説明し、説得する必要があるのです。

Q 議員の職責・職務は？

A

議員の職責とは、

◎特別職の公務員として、全体の奉仕者である責務
◎住民の代表者としての責務
◎合議体の構成員として議会の機能発揮に尽くす責務

——が考えられます。

議員の職務とは職責を果たすために求められる諸活動であり、

◎議会の正規の会議等に出席して行われる活動
◎議会の会議における活動のために議会外において行う調査や住民への広報、意見聴取・交換などの活動

——が考えられます。

議員の職責・職務

まず、議員の職責、すなわち議員という地位にある者としての責務について考えてみます。

議員が特別職の公務員であること、住民の直接選挙で選ばれるということ、そして、議会という合議体の構成員であるということ、以上のような議員の地位から考えると、議員の職責は、

◎全体の奉仕者である責務
◎住民の代表者としての責務
◎合議体の構成員として議会の役割（機能）発揮に尽くす責務

——が考えられるのではないでしょうか。

次に、職務について考えてみます。職務とは、議員の職責を果たすためにしなければならない活動であると捉え、一般的な議員の活動実態から整理すると、一応次のように大きく2つに分類することができます。

なお、この2種類の職務のほか議員には公選職という位置付けから、選挙に関する活動、後援会に関する活動、政党に関する活動も議員の仕事として考えられますが、これらは、議会の役割（機能）発揮に寄与するものではなく住民代表としての議員の職務として認められていません。

(1) 全議員又は一部の議員が同一の時間帯に同一の場所において行う活動（いわゆる議会活動）

◎本会議における発言（質問、質疑、討論等）、選挙及び表決

◎委員会における発言（質問、質疑、自由討議、討論）及び表決

◎議員派遣又は委員派遣に基づく審査、調査

◎議会報告会等議会主催の住民に対する広報、意見聴取・交換

◎自治体主催の公式行事への議会代表としての出席

(2) 議員がそれぞれの個人の判断で、異なる時間帯に異なる場所で行う活動（いわゆる議員活動）

◎審査又は調査に資する会派の活動のための調整、協議、視察・調査等

◎審査又は調査に必要な住民に対する広報、意見交換

◎請願・陳情の相談及び紹介等

◎審査又は調査に資する研修、視察・調査等

以上のような議員の職責・職務についての考え方は、議員や議会関係者の間ではおおむね異論がなく了解され得るものと考えられますが、必ずしも一般的な見解として定着はしていません。

それは地方自治法上、議員の職責・職務に関する規定がないからです。地方自治法に議員の「職務」という用語が出てくるのは、地方自治法第２０３条第２項に「……議会の議員は職務を行うため要する費用の弁償を受けることができる。」とする規定と第98条第3項の「……誠実にその職務を行わなければならない。」とする規定だけです。しかし、職務の内容についての規定はまったくありません。さらに、地方議会議員という職にある者として果たさなければならない責務についても明確な規定はありません。

そのため、議員の職責・職務が明確でなく、何が、議員の職務であり何が議員の職務ではないかが、議会関係者と住民との間に認識の相違があります。特に議員が議会外で行う上記(2)の諸活動について住民の正当な評価が得られていないのが実態です。そのことが本来、議員の職務として充実させなければならない住民等の意見の聴取や意見交換さらには議案に関する調査、行財政等に関する研究等の活動の積極的展開の妨げになっているのです。

公務と非公務

議員が特別職の公務員であるという地位を有する限り、議員の職務とされる活動はすべて公務員としての職務行為、すなわち公務であるはずです。

しかしながら、議員の職務として考えられ、住民も議員の活動として期待している職務であっても、公務として扱われないものが実態として多くあります。

前述の(1)の活動はおおむね公務として考えられています。つまり、本会議又は委員会等正規の議会の会議に出席して行われる活動及び議会又は委員会の議決により行われる活動（議会活動）は、公務として認定され、一般住民も特段、異論はないと思います。

これに対し、(2)の議員がそれぞれの個人の判断で、異なる時間帯に異なる場所で行う活動（議員活動）は現在、公務としては考えられていません。

本会議や委員会に出席し、議案の問題点、行政執行の問題点等について質問、質疑を行い、議案を提出することは議会の持つ議決機能、監視機能、提案機能を果たすために個々の議員が行う職務であり公務として認められていますが、そうした議員の職務は、議会外の場における住民等の意見の聴取、意見交換、会派の活動のための調整、協議、視察・調査等さらには研修への参加、政務活動費による視察・調査等の諸活動がもとになって可能になるものです。したがって、議会外における諸活動はまさに議会が議決機能をはじめとした諸機能を十分に発揮するために議員として必要不可欠なものであり、まさに議員の職務そのものではないでしょうか。

しかしながら、それらは現在、議員としての公務としては認められていません。いわゆる政務調査活動、会派活動、住民集会、説明会への出席、政策課題に関する住民との接触等はすべて公務ではないとされています。

このような活動は個人差もありますが、議員である以上誰しもやらなくてはならない仕事です。いわゆる公務たる議会活動と切り離すことができない一体の活動なのです。ですがそのように一般的には解されていないし、住民もそうした活動を要求しながらも、それは、議員の選挙活動の範疇であるという捉え方をします。また、

◎議員個人の活動は、そのような活動を行うことについての決定手続きや指揮命令関係が明確でなく、その必要性の判断が議員個人に委ねられており、第三者において認定が不能であること

◎公務性があるとしても、そのすべてが公務として認められるものなのか、すなわち当該活動のどこからどこまでが公務で、それ以上は選挙活動、あるいは政治活動かの線引きができない

——などの理由から公務として認められないとされています。

一般的に公務員の職務は、一定の指揮管理の下で行われるものです。しかし、そもそも、議員は住民の直接選挙により選任される公選職であり、その職務は一定の指揮管理の下で行われるものではなく住民の代表者として自律的に判断し、その責任は住民に対してとるべきものなのです。任命権者がいる公務員と同じような概念でその職務行為を定義付け、公務性を判断することには無理があるのです。

「議会議員は職務を行うため要する費用の弁償を受けることができる。」と規定する地方自治法第203条2項の職務の解釈は、本会議又は委員会への出席、議員派遣又は委員派遣の手続きにより派遣された場合のみとしていますが、一方、報酬の解釈においては、一般に非常勤職員に対する報酬は勤務日数に応じて支給する（地自法203の2②）とされているのに対し、議員報酬に関する規定中にはその規定はありません。したがって、一般の非常勤職員の支給基準とは異なり月額支給が認められています。

そのことは、議員の職務は議会の会議に出席することだけではなく、議会外における活動も議員の職務として認めていることになるのではないでしょうか。

このように地方自治法の解釈においても議員の職務の捉え方に統一性を欠き明確にされていません。

Q 議員がその職務を行うに当たっての心構えは？ どのような役割意識を持つ必要があるの？

A

議員は全体の奉仕者であり、一部住民の奉仕者ではありません。議員は合議体の一構成員であり、その役割は一人ひとりの議員が協同して議会の役割（機能）発揮に尽くすことです。

議員の役割と心構え

議会がその機能を発揮するために議員はどのような役割を担っているのか、その職務を行うに当たってどのようなことに留意すべきかということについて考えてみたいと思います。

まず、議員は、住民の直接選挙で選任される住民代表、合議体の一構成員であるということで、個々の議員がそれぞれの負託を受けた住民の意思を反映させるために、協同して議会の役割（機能）発揮に尽くす役割を担っているということです。一人ひとりの議員がばらばらに活動していては議会の役割発揮につながりません。

また、議員は公務員として全体の奉仕者であり、一部の住民の奉仕者ではありません。常に当該団体全体にとって何が最善であるかを考えて職務を行う必要があります。

例えば、質問は特定地域の問題を質し、特定地域の利益実現を図ることに活用すべきではなく、当該団体全体にかかわる政策や行政課題について質すよう心掛ける必要があると思います。

また、議会審議の中で、それぞれの議員が自分を支えてくれる住民の意思を代弁しつつも、自己の意見に拘泥し過ぎず、お互いに異なる意見に耳を傾けながら譲歩するところは譲歩して当該団体全体にとって最善の結論を導き出すことを心掛けるべきではないでしょうか。

第5章　日常の議員活動

Q 「政務活動」とはどんな活動？ 議員にとって日常の「政務活動」は必要なの？

A 「政務活動」とは、議員が議会活動に資するために行う調査研究のほか、要請・陳情活動や住民意思の把握のために行う住民相談、意見交換さらには会派構成員として会派の行う調査研究等の活動です。議員が議会活動のほかに行う、住民代表として必要な公的な活動なのです。
　議員が議会の機能発揮の担い手として活動していくためには、日常的に当該団体の行政全般に関する課題・問題点の調査研究をし、住民意思を把握することが必要不可欠です。

「政務活動」とは？

　前項（第４章　議員の仕事）において、議員の職務はその職責を果たすために行うべき活動であり、いわゆる議会活動と議員活動に分類できるとしました。

　議員の主な職務は本会議、委員会など正規の議会の会議に出席して行う議会活動です。

　一方、本会議や委員会における議案審議や監視機能発揮のための質問・質疑あるいは議案の提出等の議会活動を行うための準備行為として、議会の閉会中、多くの議員がほぼ日常的に住民意思の把握や当該団体の課題・問題点にかかる調査、研究というかたちで行っているいわゆる議員活動があります。

　議会活動を行うために必要な日常の議員としての活動をここでは「政務活動」と呼ぶこととします。

　地方自治法上、「政務活動」の明確かつ具体的な定義はありませんが、平成24（２０１２）年に地方自治法が改正され、従来の「政務調査費」が「政務活動費」に改められたことにより、生まれた概念といえるのではないでしょうか（それ以前から一般的な議員の活動をさす用語として使用はされていましたが）。つまり、「政務活動」とは地方自治法第１００条第14項に基づく「政務活動費」を充当することのできる活動であり、「議会の議員の調査研究その他の活動」ということになります。

「その他の活動」とは地方自治法改正時の委員会審査における政府及び修正案提出者の答弁から、

①補助金の要請、陳情活動等

②議員として地域で行う住民との相談、意見交換会

③会派の会議等にかかわる活動

――をいうと考えられています。

したがって、「政務活動」とは議員が、議案の審議、行政の監視、議案の提出などの議会活動を行うための準備行為として行う活動であり、議案の審査または当該団体の行政全般に関する課題・問題点の調査研究活動および住民意思の把握のために行う住民との相談・意見交換活動並びに当該団体に対する補助金等の要請、陳情活動、会派の会議等にかかる活動であるということになります。

「政務活動」充実の必要性

現在の地方議会の審議実態は、あまり充実しているとはいえません。

多くの地方議会の議案審議は、提案者である執行部から資料の提供と説明があり、それに対して質疑をするだけです。

つまり、提出者の資料と説明に依存した審議なのです。それでは、住民代表として最善の政策を実現するという議会の役割を果たすことはできません。

議案審議に当たっては、日常における当該団体の行政に対する住民の要望や意見を把握し、住民要請にかかる行政課題についての実態や実現可能性について独自の調査や研究を行い、それらを踏まえて質疑をし、さらに、長に対する質疑だけではなくて、長提出議案の問題点や課題、あるいは妥当性等について、議員同士がそれぞれの議員活動において把握している住民意思を背景に議論をすることが必要であると思います。

また、執行部の説明や資料に依存しない議員や会派独自の調査研究は議会の持つ監視機能の発揮にもつながるものです。

つまり、今、地方議会には審議の実質化が求められ、期待されていると思います。さらに、今後、長提出議案の審議だけではなく、自らが提案していく議会のあり方

も求められていくことになると思います。

そのような議会を実現するには、一人ひとりの議員や会派の日常の政務調査活動の充実が不可欠になってくるのではないでしょうか。

政務調査活動の充実を期すために「政務活動費制度」が創設されているのですから、ぜひ、政務活動費制度を活用し、議員個人はもとより会派の政務調査活動を今後益々充実させる必要があると思います。それが議会改革推進の力になっていくのではないでしょうか。

Q 政務活動費はいつ、どのような理由で制度化されたの？

A 政務活動費は、その前身である政務調査費制度を拡大するとともに、その透明性をより一層確保するという趣旨で、平成24年の地方自治法改正でできたものです。

県（市）政調査補助金から政務調査費へ

地方議会においては、従来から都道府県及び一部の市において、地方自治法第232条の2の規定に基づき、公益上必要がある場合の補助金として議会内の会派という団体に対し「県（市）政調査補助金」が交付されていました。

この「県（市）政調査補助金」は、昭和31年（1956）の地方自治法改正を機に一部団体で制度化がはじまりました。自治法改正により、地方公共団体のすべての職員に対する給与、給付が法律またはこれに基づく条例によらず支給することができないことになりました。さらに従来多様な名目で定額支給されていた議員に対する費用弁償的な給付も否定されたことから、その代替措置として議員ではなく議会内の会派という団体に補助金を交付する制度として発足したものです。

しかし、この取り扱いについては一部において議会の会派という団体に対する補助の公益性の有無、あるいは補助金の一部が議員個人に支給されていたことなどの問題から「県（市）政調査補助金」の支出の違法性を争う監査請求や訴訟が多発していました。

一方、都道府県を中心に地方議会議員からは、議員の活動は住民意思の把握など閉会中の公的な活動が活発化し、地方分権の確立のためには更なる議員活動の展開が求められることから、国会における立法事務費等と同様に、政務調査費の支出根拠を地方自治法上明確に位置付けるとともに、議員個人の活動に対しても支給できる制度とすることが求められていました。

このような状況を背景に全国都道府県議会議長会を中心に議会団体の要請活動が展開され、関係方面で検討された結果、実質的には議会団体が要求している「議員の活動費」が政務調査費制度の中に組み入れられた形で、法律上の表現としては、「議員の調査研究に資するために必要な経費の一部として会派または議員に対し政務調査費を交付することができる」とする規定が、平成12年改正により地方自治法第100条12項に盛り込まれ、「政務調査費制度」が発足しました。

政務調査費から政務活動費へ

平成12年（2000）の地方自治法改正により、法第100条に政務調査費の交付に関する規定が整備されたことを受け、条例および規程さらには具体的な政務調査費の使途基準を定め会派または議員に政務調査費の交付がなされるようになったわけですが、「政務調査費制度」発足後まもなく、以前と同様に、一部市民団体等から各議会の使途基準の違法性あるいは個々の会派または議員の使途の違法性を理由に返還請求などの監査請求及び訴訟が出されるようになりました。

制度化したにもかかわらず、このような訴訟が引き続き提起されるようになった原因は、政務調査費を充当できる経費について、法が「調査研究に資するための経費」としていますが、調査研究の概念やその範囲についてなんら規定せず、具体的な運用は条例に委任していたことから、制度を運用する議会側と市民団体側との間に調査研究あるいはそれに基づく使途の適法性の判断に相違が生じたわけです。

そうなることは、制度発足に際し十分予測できたことです。

「政務調査費制度」発足の契機となる議会団体側の要請は、議会の公式の会議への出席など議員の議会活動に要する経費については費用弁償がなされているが、それ以外にも議員の日常活動の中には議員としての公的活動があり、それらの活動の重要性が増大していることから、それらの活動に要する経費を支給できる制度の法制化でした。

しかしながら、改正地方自治法においては「調査研究に資するため必要な経費」とされました。

このような経緯から、議員の中には調査研究という狭い概念ではなくその他の議員活動も含まれるという認識がありました。しかしながら、「政務調査費制度」は創設時の提案趣旨は「議会の審議能力を強化し、議会の活性化を図るため、議員の調査活動基盤の充実を図る観点から、……議員の調査研究に資するため必要な経費の一部として交付することができる。」とするものであり、調査研究活動に限定する考え方が強く、議員の認識に基づく幅広い解釈は受け入れられ難い状況に立ち至ったわけです。

こうした実態から、議員からは住民意思の把握等、広範な議員活動にも充当できる経費の支給を求める声が再度上がり、また、住民からは、公費支出である以上、領収書の添付を義務付け、使途の詳細を公開すべきであるという声が強まり、「政務調査費制度」の運用に多くの課題が生じたわけです。

このような状況にかんがみ、都道府県議長会は研究会を設置し、多面的な検討を行うとともに議論を重ね、最終的には「政務調査費制度を見直し、幅広い議員活動また会派活動に充てることができることを明確にする法改正」を要請しました。

その結果、平成24年の地方自治法改正に当たり、議員修正によって「政務活動費制度」に改正されるに至ったのです。

ですから、このような改正の経緯を踏まえて考えますと、現行制度において政務活動費の使途について監査請求や、訴訟が提出される運用がなされることがあってはならないのです。

現制度が住民から批判されるような運用、使い方は絶対に避けなければならないし、住民からも信頼される制度として定着させなければならないものではないかと思います。

政務活動費の使途の説明責任は個々の議員あるいは会派にあります。政務活動費制度の趣旨を議員自身が理解して適正な運用がなされなければならないと思います。

Q 政務活動費はどんなことに使えるの？

A 政務活動費は議員が行う議案の審議、行政の監視、議案の提出などの議会活動に資するために必要な調査研究や住民意思の把握等の公的活動に要する経費に充当できるものです。
具体的な費目は調査研究費、研修費、広報広聴費、要請陳情等活動費等です。

都道府県議会議長会、市議会議長会および町村議会議長会が地方自治法の改正趣旨に沿って示した政務活動費の交付に関する条例例には、「政務活動費は、会派及び議員が実施する調査研究、研修、広聴広報、要請陳情、住民相談、各種会議への参加等都道府県・市町村政の課題及び住民の意思を把握し、県・市町村政に反映させる活動その他の住民福祉の増進を図るために必要な活動（次項において政務活動という）に要する経費に対して交付する。」として「政務活動」の範囲を示しています。

「政務活動」というのは、公務としての議会活動に寄与するためのものでなければなりません。地方自治法203条の「費用弁償」の対象になる公務ではありませんが、議案の審議、行政の監視、議案の提出などの議会活動に資するための公的活動です。

したがって、議会活動に資するものと認められない活動は「政務活動ではない」ということになります。

つまり、当該議員の純然たる政治活動（政党活動）、選挙活動、後援会活動、私的な活動は政務活動ではありません。

具体的な政務活動費を充当できる経費の費目としては調査研究費、研修費、広報広聴費、要請陳情等活動費、会議費、資料作成費、資料購入費、事務所費、事務費、人件費が考えられますが、具体的な個々の活動や政務活動費の使途が法律及び条例に適合すると認められるためには、前述のようにそもそもの活動が議案の審議、行政の監視、議案の提出などの議会活動に資するものであり、そのための活動に必要なものであるかどうかが客観的に認められるものである必要があります。

実際に議員が政務活動として行う活動およびその活動に要する経費として政務活動費を充当するためには、政務活動自身が議会活動に寄与する、資する活動であるということが客観的に合理的関連性と必要性を有するものであり、その具体的な使途も合理的関連性と必要性を要求されるものと考える必要があります。

第6章　視察

Q 地方議会議員の視察とはどんなもの？

A 議案の審査あるいは当該団体の事務や議会運営等に関し必要な調査を行うために、国や地方公共団体その他関係機関・施設等に赴くことを一般的に視察と称しています。

視察とは

視察という用語は、地方自治法、会議規則、委員会条例等にはありません。

議員が、議案の審査あるいは当該地方公共団体の事務（行政課題）または議会運営等に関し必要な調査を行うために、国及び他の地方公共団体、その他関係機関・施設等あるいは当該普通地方公共団体内の諸機関・施設等に赴き、現地の見学、説明の聴取、資料の収集等を行うことを一般的に視察と称しているのです（海外の諸機関・施設等も含む）。

視察は、議会の議決等に基づき議会活動（公務）として行われるものと議員が個人または会派の構成員として会派活動の一環として行われるものがあります。

議会活動（公務）としての視察

地方自治法第１００条第13項は、「議会は、議案の審査又は当該普通地方公共団体の事務に関する調査のためその他議会において必要があると認めるときは、会議規則の定めるところにより、議員を派遣することができる。」として議員派遣を規定しています。

この規定は、平成14年（２００２）の自治法改正により新たに規定されたもので、それ以前は標準会議規則（県会規73、市会規１０６、町村会規74）の「委員会は、審査又は調査のため委員を派遣しようとするときは、その日時、場所、目的及び経費等を記載した派遣承認要求書を議長に提出し、あらかじめ承認を得なければならない。」とする規定に基づき、いわゆる委員会視察として行われていました。

現在は議員としての派遣と委員としての派遣の2つの派遣がありますが、一般的な視察は多くの議会において委員会視察として行われているようです。

これは、いずれも議案の審査又は当該普通地方公共団体の事務に関する調査のため必要と認め議会又は委員会の議決に基づいて行われるものですから、議会活動であり、派遣される議員または委員の公務です。

会派または議員の意思により行われる視察

会派または議員は、議案の審査あるいは条例案等を提出するため、その他当該団体の事務等に関し必要により調査するためにそれぞれの判断に基づき他の普通地方公共団体や当該普通地方公共団体内の公共施設等に赴くことがあります。

これらは議員または会派の調査活動として行われるものですが、それらの視察を地方自治法及び条例に基づき交付される政務活動費を充当し、政務活動として行うこともできます。

政務活動費を充当して行っても議会活動ではありませんので公務とはなりません。

しかし、公費を使って行うものですから個人の旅行ではありませんので、視察の目的、場所、経費等の決定にあたっては議決に基づくものに準じたものでなければなりません。

Q 視察の一般的な要件は？

A

地方自治法第100条第13項及び標準会議規則（県会規73、市会規106、町村会規74）の趣旨に合致する目的を有するものであり、その目的を達成するに必要な内容であることが求められます。

視察の要件

地方自治法第100条第13項及び標準会議規則（県会規73、市会規106、町村会規74）は、議案の審査または当該普通地方団体の事務に関する調査のため必要と認めたとき―を議員派遣または委員派遣の一般的な要件としています。

したがって、この規定に基づく派遣によって行われる視察には、目的、内容、場所、参加者等において議員派遣及び委員派遣制度の趣旨に沿ったものである必要があります。

また、議決によらない政務活動費で行う視察であっても公費を使用するのですから公務視察に準じた要件が要求されます。

◎視察の目的

視察の目的要件としては、一つには、地方自治法及び会議規則の規定から文字通り、議案の審査又は当該普通地方公共団体の事務に関する調査に資することを目的とするものである必要があります。

つまり、現に議会に提出され又は委員会に付託されている議案の審査に資すること、また、当該普通地方公共団体の事務について監視や提案をするために必要な調査に資することを目的としたものであることが必要です。

これらに直接関係しない目的を持って視察を行うことはできません。

◎視察の内容と場所

内容としては上記の視察目的のために必要な範囲内において行われる、現地の見学、説明の聴取、資料の収集等ですが、必要性の判断は委員会及び議会あるいは政務活動として行う場合には議員個人または会派にありますが、議案または当該団体の事務との関連性と必要性の判断には客観性が要求されます。

◎視察参加者

視察の参加者は議会活動として行われる場合は議員派遣あるいは委員派遣の議決によって行われますが、まさに目的とする審査又は調査に必要な範囲内で議決により決定されるものですが、委員会の場合は、委員会に付託された議案又は所管事務について必要な調査を行うものですから、当然のことですが、委員外議員が当該委員会の委員派遣として参加することはできません。

何らかの事情により委員外議員の参加が必要である場合は、議員派遣の手続きにより参加することになります。

また、委員全員が同一目的の同一の視察に参加する必要はなく、特定の委員だけを派遣することもできるのです。したがって、委員会において委員が分担して同時に複数の視察を行うことも可能です。

政務活動費による視察の視察参加者は基本的には議員ですが、議員の補助者として会派または議員が雇用する職員も対象になりますが、その必要性の判断は議員以上に客観性が要求されます。

Q 政務活動費を充当する視察の留意点は？

A 視察目的の客観的、合理的適合性、目的と内容の整合性、調査結果と議会活動の関連性などについて説明ができるようにしておく必要があります。

議会または委員会の議決によって行われる視察も政務活動として行われる視察も適合する要件は同じですが、政務活動費を充当する視察については問題となる事例が少なくないので、以下、主な留意点について述べてみます。

視察目的の客観的、合理的適合性

視察はその目的において、議案の審査に資すること、また、当該普通地方公共団体の事務に関し、監視や提案をする（いわゆる議員の議会活動）ために必要な調査に資するものであることが求められます。

視察目的と議員の議会活動との関連性の判断基準は必ずしも明確ではありません。例えば、当該普通地方公共団体において現に問題、課題となっていない行政課題に関する他の普通地方公共団体等の実態調査を目的とするものであることをもって合理的適合性がないとはいえません。

現に課題となっている問題に限らず、将来的な展望を持ちその知識や情報を収集することも議員活動として必要であると思います。

しかしながら、住民訴訟の提起がなされた場合には当然、司法の判断するところになりますから、視察目的を設定する場合には、議員の議会活動との関係については、客観的、合理的な適合性を説明できる用意が必要です。

行程や視察内容（実態）と目的との整合性

訪問機関（施設）の選定が視察目的に適合しているか、目的に合致しないまたは不必要な選択ではないのかと言う指摘を受けるおそれはないか。

さらに、視察の行程が訪問予定の機関（施設）の箇所数や所要時間に合致しているか等に留意する必要があります。

参加人数の問題

会派の視察の場合、会派所属議員全員が参加するケースがありますが、視察目的を達成するために必要な人数を超えていないか。全員が参加する客観的な必要性の説明が求められる場合もあります。

例えば、会派の総会あるいは親睦を兼ねた旅行ではないかと言う指摘を受けることもあります。

会派所属議員といえども、議員はそれぞれが住民の直接選挙で選ばれているのであり、その活動は個々の議員の責任において行われるべきものであること、また、視察の成果を会派所属議員全員が共有するためには、全員が同一場所に赴く必要もあると思いますので、全員参加がそもそも必要ないとする理由はなく、そのことをもってその視察が政務活動ではないという指摘は当たらないと思いますが、そうした指摘を受けることもあるので、視察目的や内容が議会活動に寄与するために必要なものであることを客観的に説明できるものである必要はあると思います。

調査結果と議会活動の関連性

政務活動における視察の成果が本会議や委員会の質問等に反映されているのかどうかなど、視察成果の活用が不明である。あるいは、視察結果が公表されていないという指摘が聞かれます。

しかし、政務調査活動は審議・審査中の議案について行われるだけではなく、むしろ、当該普通地方公共団体の行政課題全般について中長期的な観点に立って行われることも多いので、調査結果がすぐに質問や議論あるいは政策提案に反映されるものではありません。したがって、調査結果がすぐに議会活動に反映されていることが証明されていないことをもって、当該視察が不要なものであると断定することはできないのですが、そのような指摘をする住民が少なくないことに配慮し、調査結果を詳細に作成し、可能な限り公表する必要があると思います。

観光的要素を含む視察

視察は、当該普通地方公共団体の事務との関連性と必要性が要求され、その判断には客観性が要求されます。

したがって、観光的な要素が含まれた視察は住民感覚からは視察とは認められにくいものと考えられます。

観光的要素を含んだ議員の行政視察の違法性については、個々の視察の目的及び旅行計画等により個別に判断されることとなります。

観光的な要素を含んだ視察が行われた場合にそのすべての視察が違法であり、すべての経費の返還が求められるかあるいは、その部分だけの違法が問われ返還を求められるかは個々の事例により異なります。例えば、観光目的と認められる箇所と当該普通地方公共団体の事務に関連した視察箇所数の比率や、観光目的と認められる場所と本来の視察場所との地理的位置関係等により、観光目的要素の強弱が判断され、最終的には司法判断によることとなりますが、一般的には、公費を使用している以上、観光目的と疑われるような視察箇所は選定しないように留意する必要があります。

また、視察途中に一部視察目的に適合しない観光地を視察するという、いわば付随的な観光地視察ではなく、観光地の視察自体が視察目的とされる場合があります。観光振興は多くの市町村が取り組んでいる行政課題ですから、観光地が視察先として選定されることが少なくないと思います。

しかし、このような視察は観光自体が目的であるという疑念をもたれることも事実です。

したがって、観光地視察を計画する場合は視察の行程や内容が視察目的に合致していることが求められます。すなわち、一般の観光客と同様に単なる観光地めぐりとみなされないように、目的地において、観光行政の課題や問題点等について行政担当者や施設の関係者の説明聴取や資料収集が行われていることが説明できる内容であることが必要です。

議員以外の補助者の同行

会派または議員の政務活動を補佐する職員等を補助者として視察に同行させることについては、絶対に認められないものではないと思いますが、視察目的を達成するために必要な者の同行であることが客観的、合理的に説明できる必要があります。

議会または委員会の議決により行われる視察には議会事務局の職員が同行するのが通常ですが、これはまさに公務であり、議員の行う公務を補佐する事務局として同行するものですが、非公務として行われる会派または議員個人の視察への補助者の同行については、客観的必要性の認定のハードルが高いのが住民感覚の実態ではないでしょうか。

第7章　議会の権限

議会には多様な権限があり、その分類方法も多様です。一つの分類方法として、

1　議会の本質的機能発揮のための権限＝議決権（地自法96）

2　監視機能発揮のための権限＝検査権・監査請求権（地自法98）、調査権（地自法１００）

3　住民代表としての権限＝意見書提出権（地自法99）、請願受理権（地自法１２４）

4　議会の自主・自律的権限＝選挙権（地自法97）、決定権＝議員の資格決定（地自法１２７）、議会の選挙における投票の効力に関する異議の決定（地自法１１８）、会議規則制定権（地自法１２０）、懲罰権（地自法１３４）、自主解散権（解散特例法）

5　執行機関に対する権限＝出席要求権（地自法１２１）、選挙管理委員罷免権（地自法１８４の２）、同意権、意見提出権

――などが考えられます。以下、このうち主な権限の一部について紹介します。

Q　議決権の法的根拠とその内容は？議決の態様はどんなもので、制約はあるの？

A　地方自治法第96条は議会が議決すべき事件を規定しています。

また、議決の結果は可決、否決、修正議決ですが、96条1項に規定する議決事件には議会が修正議決することができないものが多数あります。

議決とは

議決とは、審議機関の意思を決定する行為であり、その結果は一般的には、可決、否決、修正議決の3種類とされますが、地方自治法の中には、議会の意思決定を

表す、あるいは求める用語として決定、承認、許可、同意、認定などがあります。

これらも、結局のところ議会構成員の意思を決定する行為ですから、議決なのですが、一般的には、議決結果を承認・不承認、許可・不許可、同意・不同意と表現されています。

本稿において、議決権とは地方自治法第96条に規定する事件について議会の意思を決定する権限として捉えることとします。

議決権の法的根拠と議決事件

地方自治法第96条に「議会は、次に掲げる事件を議決しなければならない」として、その第1項に15項目を列挙しています。

一般的にこの規定が議会の議決権の根拠規定と解されています。

しかし、権限を付与する規定の書きぶりは、「〜することができる」と言うのが一般的ですが、本規定は、「〜しなければならない」となっています。この書きぶりは、義務を課す場合に多く用いられるものです。

同条は当該団体の意思を議決することが議会の義務であり、議会の責務、役割であることを規定しているものと考えられます。96条は議会に議決する権限を付与した規定であると同時に議会に議決という役割、機能を課した規定と考えられるのではないでしょうか。

それはさておき、96条に掲げられている議会が議決すべき事件にはどのようなものがあるのか、その一部を見てみます。

◎条例の制定・改廃

まず、条例の制定改廃です。

地方公共団体が制定改廃できる条例は、法令に反しない限りにおける自治事務、法定受託事務にかかる条例です。

この条例の提出権は、議員にもありますが、実際は議員に提案権があるものは少なく、長提出が大半です。

◎予算を定めること

予算の提案権は、長に専属しています。そして、予算は議会の議決権の対象ですが、その議決の対象が制度上限定されています。予算は、「款(かん)」、「項」「目」、「節」から構成されていますが、議決対象は「款」「項」だけです。「目」と「節」は執行科目とされています。議会の修正の対象にはなりません。

◎決算を認定すること

議会の議決すべき事件として、「決算を認定すること」と規定されています。

決算は認定することを原則としています。もちろん、決算の修正議決はあり得ませんが、理論上は認定のほか不認定とすることも、議決の対応としてはあり得るわけです。

しかし、決算は執行の結果であり、議会がそれを否としても結果は変わらないのです。

決算の内容に容認できない程度の違法、不当なものがあるときは、不承認とすることもあり得ます。

一般的には、認定した上で当該不当なものは、議会の監視機能として指摘し、今後の執行に対する意見、いわゆる附帯決議として議会意思を表明する方が議会の監視機能の発揮に繋がるものと考えられます。

◎その他の議決事件

その他、96条1項には契約の締結、財産の取得・処分、損害賠償などが議決事件として規定されています。

議決の態様と制約

一般的に「議案」についての議決態様は、可決、否決、修正議決です。ところが、地方自治法上、長が議会に議決すべき事件として提出する「議案」の中には議会が修正することができない議案があります。

96条に規定する議決事件の中には、議会の修正議決が不能な議案が大半なのです。契約、財産の取得、処分、損害賠償等の長が提出する議案の多くは、長の執行権に属するものであって、執行の前提として議会の同意を得ようとするものなのです。

Q 議会の監視機能発揮のための権限としてどんなものがあるの？

A 地方自治法は議会の監視機能発揮のための権限として、検査権・監査請求権（地自法98）、調査権（地自法100）を付与しています。

検査権

地方議会は当該団体の事務について監視する機能を有しているので、その機能発揮を保障するため、地方自治法は、議会に検査権を付与しています（地自法98①）。

具体的には、執行機関から
①書類、計算書の提出を求め検閲すること
②報告を請求し事務の管理、議決の執行及び出納を検査すること
——ができます。

検査権の行使は議会に認められたものであり、議長、議員あるいは委員会に認められた権限ではありませんので、これらの者の要求があっても、執行機関は応ずる義務は全くありません。

検査権を行使するためには議決が必要です。また、議決に基づきその行使を委員会に委任することができます。

議員全員で検査を行うのは現実的ではありません、また検査権の行使は会期中しかできないので、閉会中の検査権行使を可能とするためにも、常任委員会または特別委員会に委任することが一般的です。

監査請求権

議会は監査委員に対し、当該団体の事務について監査を求め、監査結果の報告を請求することができます。

この監査請求権も検査権と同様、議会が有する監視機能発揮を保障する観点から議会に認められたものであり、議長、議員あるいは委員会に認められた権限ではありません。

調査権

地方議会は当該団体の意思決定機能のほか決定された意思を実現する執行機関を監視する機能など広範な機能を有していることから、その機能を十分に発揮するために必要な権限として、調査権が付与されています。

すなわち、地方自治法第100条1項に「普通地方公共団体の議会は、当該普通地方公共団体の事務に関する調査を行うことができる。この場合において、当該調査を行うため特に必要があると認めるときは、選挙人その他の関係人の出頭及び証言並びに記録の提出を請求することができる」と規定されています。

通常、議会の審議・審査は長および執行機関の職員の説明を聴取し、質疑・質問することによっていますが、本条による調査権行使は、外部の者、すなわち当該普通地方公共団体の選挙に関し実質的に選挙権を有する者および当該団体以外の関係人の出頭、証言さらには記録提出をも請求できることとされています。

調査権の対象となる事項は、

1　現に議題となっている事項もしくは将来議題に上るべき基礎事項にかかる調査（議案調査）
2　世論の焦点となっている事件等についてその実状を明らかにする調査（政治調査）
3　一般的に地方公共団体の重要な事務の執行状況を審査する調査（事務調査）

――の3種類に分類されます。

（昭23〔1948〕10．12、行実）

調査権行使に当たっては議会の議決が必要であり、その場合、一般的包括的に当該団体の事務全般にわたって調査する旨の議決をすることはできないとされており、個々具体的な事務について、その範囲と目的などを明確にして議決する必要があるとされています。

Q 意見書提出権とは？

A 地方議会が住民代表機関として、当該団体の公益に関する事項について国会や関係行政庁に対し、必要な措置を求める要請文を議決して提出できる権限です。

意見書提出権

地方自治法第99条は、「普通地方公共団体の議会は、当該普通地方公共団体の公益に関する事件につき意見書を国会または関係行政庁に提出することができる」としています。

議会が住民代表機関であることに鑑み、当該団体の公益に関する重要な事件について、積極的に住民意思を表明し、国会および関係行政庁に措置を求める権限を認めたものと考えられます。

「公益」という概念は広範かつ曖昧ですが、当該団体に直接的な利害関係のある事件と解するのが妥当であると考えられます。

Q 議会における選挙にはどのようなものがあるの？

A 議会においては、議長、副議長および必要により仮議長を選挙しなければなりません。また、選挙管理委員会委員、同補充員の選挙なども行うこととされており、選挙の方法等については公職選挙法の一部を準用することとされています。

議会の選挙

地方自治法97条1項に「普通地方公共団体の議会は法律又はこれに基づく政令によりその権限に属する選挙を行わなければならない」とされています。96条の議決事件の規定と同じように行わなければならないと規定されており、同様に権限であると同時に議会の義務と考えられます。

具体的には、議長、副議長の選挙（地自法１０３）、仮議長の選挙（地自法１０６②）、選挙管理委員会委員、同補充員の選挙（地自法第１８２条）などです。

議会における選挙の方法と手続き

１　議会における選挙の方法

地自法第１１８条により、公職選挙法の

①単記・無記名（公選法46①、④）
②点字投票（公選法47）
③代理投票（公選法48）
④無効投票（公選法68①）
⑤当選人の定め方（公選法95）

の規定を準用することとされています。

２　投票と指名推選

選挙は投票により行うのが一般的ですが、議会における選挙は指名推選の方法をとることができます。指名推選は、「指名推選の方法によること」、「指名の方法（誰が指名するか）」「被指名人を当選人とすること」のいずれにも全員異議がない場合に成立する方法です。

指名推選において、複数人を選挙する場合は個々に被指名人を諮ることはできません。同時に複数人を指名して当選人とすることを諮らなければなりません。個々に被指名人を諮ると、投票によった場合と同じ結果が得られないおそれがあるからです。

Q　出席要求権とは？

A　出席要求権とは、議案等の説明のために長および行政委員会の長等、並びにその委任または嘱託を受けた者に対し、本会議に出席することを議長が要求できる権限です。

出席要求権の意義

地方自治法第121条は、「普通地方公共団体の長……は、議案の審議に必要な説明のため議長から出席を求められたときは、議場に出席しなければならない」と規定しています。

この規定は、長の議会出席義務あるいは議会（議長）の出席要求権を規定したものと解されています。

確かにこの規定ぶりから見ると、そのように解されるのですが、反面の解釈としては、長は、要求がない限り議会に出席することができないという趣旨をこめているともいえるのです。

国会においては憲法第63条が規定するように、「内閣総理大臣その他の国務大臣は、両議院の一に議席を有すると有しないとにかかはらず、何時でも、議案について発言するため議院に出席することが出来る……」とされており議会の求めがなくても出席発言できることとなっています。

さらに、戦前の府県制、市制町村制においては、「知事、市町村長等ハ会議ニ列席シ議事ニ参与スルコトヲ得……」とされ、長等が議会の議論の行方を左右することが可能な実態にありました。

そのようなことを踏まえ、議院内閣制あるいは戦前の地方自治制度とは異なり、現在の地方自治制度化における長と議会の対等、相互牽制の関係からは議員による自主的審議が期待され、それを保障するために、執行機関の出席を抑制する意図が含まれている規定であると解するべきという見解もあります。

出席要求権者、時期および方法

出席要求権を行使するのは議長です。

出席要求は、あらかじめ開会前に行うことも、必要に応じ随時行うことも可能です。出席要求の制度趣旨から考えると会議の都度、必要に応じて要求するべきですが、実態としては、毎年1回、毎会期ごと、議員の任期初めなど様々のようです。そのような場合でも、そもそも出席要求とは、審議に必要な説明を求めるために行うものですから、議会人事や討論、採決など、説明、答弁を要しない議事日程の会議には出席を求めないような運営を検討すべきではないでしょうか。

第８章　議員の権限

Q　議員の議案提出権の根拠や手続きは？

A　地方自治法は議員に議会の議決すべき事件について提出権を付与しその提出要件を規定していますが、性格上、議員には提出できない議案もあります。
　また、議会の機関意思決定にかかる議案の提出要件は各議会の会議規則に規定されています。

議員の議案提出権の根拠

　地方自治法は「普通地方公共団体の議会の議員は、議会の議決すべき事件につき、議会に議案を提出することが出来る。ただし、予算についてはこの限りではない。」（地自法第１１２①）として、予算案以外の議会の議決事件にかかる議案の提出権を議員に付与しています。

　地方自治法第１１２条にいう「議会の議決すべき事件」とは、同法第96条の議決事件を指すものと考えられます。すなわち、同条は「普通地方公共団体の議会は、次に掲げる事件を議決しなければならない。」としており、議会が議決しなければならない事件（96条）は議会の議決すべき事件（１１２条）と同義であると考えられるからです。

　しかし、96条に掲げられている事件はいわゆる団体意思にかかる事件であり、したがって、１１２条の議決すべき事件には機関意思の決定は含まれません。（昭25〔１９５０〕・7・14、行実）

96条に掲げられている事件の大半は議員の提出権が及ばない

　地方自治法第96条第1項には、15項目の事件が掲げられていますが、予算はもとより除外されており、執行の結果である決算は議員が提案できるわけもなく、さらに、契約の締結、財産の交換・譲渡、財産の取得・処分、損害賠償等そもそも、長の執行権に属するものや長の執行の有効要件として議会の議決を要する事件にかかる議案は議員に提出権はないと（昭25〔1950〕・6・8行実）されています。

実際に議員が提出できる議案の主なものは条例の制定改廃にかかる事件と言うことになりますが、条例であっても、長と議員双方に提出権があるもの、長に専属するもの、議員に専属するものがあるとされています。

例えば、提案権の所在については一つの判断基準として次のような考え方があります。

1　提出権が長及び議員の双方にあるもの

法令に「地方公共団体は、…条例で…する。あるいは、「○○は、条例で定める。」とされているもの。（ただし例外もあります。）

2　提出権が長に専属するもの

法令に「地方公共団体の長は、条例で…できる。」とされているもの。

3　提出権が議員に専属するもの

法令に「地方公共団体の議会は、条例で…する。」とされているもの。

議員の議案提出の要件

議員が議案を議会に提出するには、地方自治法第96条に規定する団体意思決定議案については議員定数の12分の1以上の賛成が必要で（地自法112②）、その案をそなえ、理由をつけ、賛成者とともに連署して、議長に提出しなければなりません（県、市、町村会規14）。12分の1の中には提出者を含むとされています。（昭31〔1956〕・9・28行実）

議会は、団体意思決定議案のほか意見書や決議といった議会と言う機関の意思を決定することが出来ますが、そうした機関意思決定議案の提出要件は112条の規定は及びませんので、各議会の会議規則の定めるところによりその提出要件を定めることとされています。標準の会議規則では、その要件を○人以上の賛成を要することとしています。（県、市、町村会規14）

Q
議員が発言するのに手続きや制約はあるの？

A

議会の審議、審査は発言により構成されています。とりわけ、議員の発言は議会の機能発揮を左右する重要なものです。

議員の発言権を具体的に保障する規定は地方自治法にはありませんが、議会の本質から議員の発言は原則的にはいかなる拘束も受けることなく行使できるべきものです。

しかし、議会がその機能を効率的かつ十分に発揮するためには、質問、質疑、討論など、発言の性質や意義等による一定の手続き、発言内容、時間、回数等の合理的な制約が必要になります。

議会における議員の発言

議員には、多くの権限が付与されていますが、議員としてその職務を果たすために最も重要なのは発言権ではないでしょうか。発言は議員がその役割を発揮するために必要不可欠なものであり、議会活動の基本です。

議会には審議、審査を通じて執行部情報や長提出議案の問題点あるいは当該団体の将来的な課題等を明らかにし、住民に開示していくという重要な機能があります。そのような議会の機能は個々の議員が行う質問や質疑等の発言によって発揮されるのではないでしょうか。

地方自治法に議員の発言権を具体化し、それを保障する規定はありませんが、議員が、議会の役割を果たすために行使しうる唯一の手段は、発言であり、議会活動における議員の基本的な権限として位置付けられているものです。

議員の発言の主なものとしては質問、質疑、討論といったものがあります。以下、質問、質疑あるいは討論といった発言の意義と留意点について簡単に述べてみます。

○質問

地方自治法には質問に関する規定はありません。しかし、議会の持つ機能すなわち、監視、政策形成機能を果たすための手段として、当然認められるべきであるということから、各議会の会議規則にその根拠規定があります。一般的には、「議員は、議長の許可を得て、県市町村の事務について、質問することができる。」と規定されています。質問は、当該団体の行政全般に対する説明、所見を求めるものです。あるいは現代的には、議員の方から政策提案をして、それに対する長の所見を求めるといったものも含まれると思います。

いずれにしても、質問というのは、議会の持つ監視機能、政策形成機能の元になるものです。議会の役割、機能を発揮するために個々の議員に付与されている権限です。したがって、議員は、議会の一構成員として議会の機能発揮を担う役割を有していることから、質問は、議会全体のために行使する必要があります。質問は当該団体の政策の基本的な方向性や重要な行政課題について行うものであって、個々の住民や特定地域の要望等について質す、その実現を図ることを目的として行うものではありません。当該団体全体の課題について質すべき性格のものであるという認識が必要ではないでしょうか。

○質疑

質疑は、議題となっている議案、事件の内容について、その疑義を質すことを目的とする発言です。議会が議決機能を発揮するための前提として行うものです。したがって、質疑は、議事日程に掲載されている事件に関するものしかできないのです。議事日程に上がっていない事件についての質疑はできません。また、質問の中で、個々の議案に関する質疑に相当する発言はできないということになります。

質疑と、質問は必ずしも厳密に分けることが困難な部分がありますから、質問と質疑を分けずに一緒に行う運営がされている議会もありますが、一般的には、その発言の性格、趣旨は異なります。

○討論

討論は議会審議の過程において非常に重要な役割を果たすべき発言です。議会における議員の発言の中で欠くことができないものです。

それは、異なる住民意思を代表する議員が、その意思を背景にして、表決を前提とした議案審議の最終段階において、賛否それぞれの立場から、考え方を披瀝しあうもので、多数決と言う民主主義においては、最終議決を求めるための手続きとして欠くことのできないものだからです。

つまり、討論の意義は一般的には、一つは、自己の考えと異なる者を自分の考えに同調させる役割、二つ目には、住民はじめ対外的に、議決事件について自己の考えを表明することであるとされています。現代的には、結果として、議会の選択の正当性を住民に説明、理解させる役割もあると考えられます。

しかし、現代においては、反対者を自己の考えに同調させるという役割は、なくなっていると思います。表決直前に他の議員の討論を聞いて、考えが急に変わることはないです。都道府県議会を中心に会派制をとっている議会では基本的にありえないといっていいと思います。そうなると、討論の現代的な意義は住民に対する態度表明であり、最終的にはなぜ、可決されたのか、なぜ否決されたのかという住民に対する説明としての役割として必要になっていると考えられます。

発言に関する制約

議員の発言権は最大限保障される必要がありますが、議会の効率的な運営や議会の秩序維持の観点から一定の手続きを要するとともにいくつかの制約があります。

○発言の事前通告

議員の発言権保障の観点からは、日程掲載事件について自由に発言することができることとすべきですが、円滑な会議運営、会議の効率的運営の観点から、県及び市議会においては発言（質疑、討論）に当たって事前に通告することが必要とされています（県会規50、市会規51）。質疑についてはその要旨を討論については賛成又は反対の別を記載した通告書をあらかじめ議長に提出しなければなりません。

また、一般質問については、県、市、町村いずれも事前にその要旨を文書で議長に通告しなければならないこととされています（県会規60、市会規62、町村会規61）。

○発言内容に関する制約

まず、内容的な制限ですが、一般的には

1　発言は簡明で無ければならない
2　議題外にわたってはいけない
3　発言の範囲を超えてはいけない
4　質疑においては自己の意見を述べてはいけない

という制約があります（県会規53、市会規55、町村会規54）。

簡明な発言を具体的に表現することはできません。必要以上に饒舌であったり、新聞や、論文など他人の意見の引用を多く用いる発言、あるいは、同じ趣旨の発言を繰り返したりすること。こういうものが、簡明でないということになるとされています。その判定は非常に難しいものがありますが、議長の判断で、決めることが求められます。

議題外発言の判定も難しいです。どこまでが議題内でどこからが議題外なのか、その線引きは一概に言えません。議題というのは、会議に付されている事件をいうものと思われますから、提案説明、質疑、委員長報告、少数意見報告、討論これらの発言については、日程で掲げられている議題があるわけですから、その議題に直接関係ない発言が議題外になるわけです。

発言の範囲というのは、それぞれ、発言にはその性格、趣旨あるいは目的があります。

つまり、提案説明は、提出議案の趣旨、内容を説明する、質疑は議題について疑義を問いただす、委員長報告は、委員会の審査の経過と結果を報告する。討論は、賛成、反対の意思を表明する。これが、それぞれの発言の趣旨であり目的です。この趣旨、ないし目的を超えた、逸脱した内容の発言は許されないということです。

さらに、質疑においては自己の意見を述べることができない、という制約があります。また、委員長報告及び少数意見報告の規定にも自己の意見を加えてはならないと規定されています（県会規40④、市会規39④、町村会規41④）。

しかし、質疑というのは、例えば、条例案に対する質疑の場合に、個々の条文の意義や解釈について質疑するだけではなく、条例の目的に対する疑義等も対象になるはずです。例えば、条例が目指すものの実現のためには他の方途も考えられますが、なぜ、こういう方法を採用するのか、なぜ、こういう規定にしたのか、といった疑義の解明も質疑として認められるべきだと思います。

そうなると、その前提として、こういう方途もあるということが自己の意見を述べることになるわけです。ですから、質疑に自己の意見を述べることが必要な場合もあり、一律に禁止することはいかがかと思います。明らかに、自己の意見だけを主張するのは質疑ではないのでそれは許されないと思いますが、微妙な問題があると思います。

参議院の議院規則には制定時、標準会議規則と同様に自己の意見を述べることを禁止する規定がありましたが、現在は削除されています。

○発言時間の制約

発言自由の原則という建前から言えば、発言時間に制限を加えることは議員の発言権を制約するものであり、言論の府としては好ましいことではないのです。しかし、会議の効率性や合理性を考えると制約が必要な場合もあります。つまり、無制限に発言を許すことによって、膨大な会議時間が必要となったり、また、同趣旨の発言が続くなどの弊害が生じることもあります。そこで、実際の運営においては、一人当たりの発言時間の制限をすることがあります。

発言時間の制限は、あらかじめ、議会運営委員会の協議に基づき決定した時間の制限を議長が宣告することにより可能となります（県会規55、市会規57、町村会規56）。

○発言回数の制約

発言時間の制限と同様に会議の効率性等の観点から一般的に発言の回数を制限する運営がなされています。即ち、同一議員について同一議題について発言できる回数制限を規定しています（県会規54、62、市会規56、64、町村会規55、63）。

Q 議員報酬請求権とは？ 会議欠席議員に対する報酬減額はできるの？

A 議員に対し報酬を支給しなければならない自治法の規定により議員には報酬請求権がありますが、条例に規定すれば、議会を長期に欠席した議員等に対し報酬を減額することができます。

議員報酬等請求権

地方自治法は、議員に対し報酬を支給しなければならない（地自法第２０３①）と規定しており、議員には報酬請求権があると解されています。

一方、欠席議員や（出席停止の）懲罰を受けた議員に対して報酬を減額することを条例に規定することはできると解されています。（昭24〔１９４９〕・8・25行実、昭32〔１９５７〕・5・16行実）

費用弁償の受給権

地方自治法第２０３条第２項は「普通地方公共団体の

議員は、職務を行うため要する費用の弁償を受けることができる。」としており、本規定が議員の費用弁償受給権を保障したものであるとされています。しかし、法律上の受給権という概念は存在するとしても、本規定（地自法203②）によって、具体的な受給権があるのではなく、条例が支給するとした場合にはじめて具体的な権利が発生するものであると考えます。

費用弁償の支給事由や標準的な実費をどう定めるかは、条例を定める当該普通地方公共団体の議会の裁量判断にゆだねられるとする判例（最高裁小法廷判決、以下「最判」平2〔1990〕・12・21、「最判」平22〔2010〕・3・30）に照らせば（当該判例を逆に解するならば）、費用弁償は一切支給しないとする条例を制定することは違法であるとしても、どのような事由に対し費用弁償を支給するか、しないかの判断は裁量権を逸脱しない限り当該普通地方公共団体の議会の自由であると考えられます。

したがって、条例で支給することを規定した限りにおいて議員に費用弁償の受給権が発生すると考えられます。

第9章　議員の権限（2）

Q 表決権の行使にあたっての留意事項は？

A

表決権は議決機関の構成員として住民の直接選挙で選ばれた議員の「権限」であると同時に、その行使は「義務」でもあります。

したがって、会議または委員会に出席することが前提です。表決権の委任はできません。また、棄権は表決権の放棄ですから、間接民主制の主旨に反し、許されないと考えます。

表決権行使の条件

議員は議会の意思決定事件について賛成、反対の意思を表示する権限があります。

議員の基本的な権限です。しかし、事件の表決が行われる際に議場または委員会室に出席していなければなりません。地方自治法の116条は、「……普通地方公共団体の議事は、出席議員の過半数でこれを決し、……」と規定しており、標準の会議規則には、「表決の際、議場にいない議員は、表決に加わることができない」（県会規78、市会規68、町村会規79）としています。

委員会における表決についても、標準委員会条例に、「委員会の議事は、出席委員の過半数で決し、……」（県委条例14、市委条例17、町村委条例15）としています。

したがって、欠席議員（委員）には表決権はありません。他の議員に表決権を委任したり、あらかじめ書面により賛否を表明しておいたりすることはできません。

企業の株主総会、その他法人の総会等においては、書面による表決権の行使や、他の会員等に表決権を委任して表決権行使ができますが、議会における議員の表決権行使はそのようなことは認められていません。いかなる理由があっても議場（委員会室）に出席していない議員の表決権は認められていません。

それは、表決に参加することは議員の権限であると同時に住民代表としての義務でもあることから、出席を前提としているものと考えられます。

なお、委員会のオンライン開催が可能であるとする総務省の解釈が出されたことから、委員会条例あるいは会議規則の所要の改正措置を行った上で委員会のオンライン開催が進んでいます。

この場合は、現に委員会室にいることが表決の前提である出席の概念ではなくなります。

オンライン開催における出席の概念あるいは要件としては、委員の音声が確認できること、画面上に当該委員が映っていることなどの委員長による本人確認が必要となります。

棄権

棄権について地方自治法や標準会議規則はなんら規定していません。禁止規定もありません。

しかし、議員は議事機関の構成員として住民の直接選挙によって選挙された者です。表決に参加しないことや賛否を表示しないことは議員としての義務を遂行しない行為ですから、本来的には許されないと考えられます。

しかし、何らかの理由により棄権せざるを得ない場合には、表決問題が宣告される前に議場、または委員会室から退席すべきであると考えます。

議場または委員会室に在席していると、起立採決の場合は反対者とみなされてしまいます。また投票表決においては、棄権議員も出席議員数に含まれますので、場合によっては案件の可否に影響を来たしたりすることもあります。

いずれにしても、棄権は政治的、道義的責任が問われることがあります。

表決の訂正

議員は表決の訂正を求めることはできません（県会規85、市会規75、町村会規86）。

一度表示した自己の意思を変更することはいかなる理由があってもできません。錯誤によるものであっても認められません。

表決は議会という合議体の意思決定を行うための合同行為です。表決の訂正を許すと議会意思がいつまでも確定しない状態を招くおそれがあることから、表決の瞬間に議会意思が確定したものとされます。

起立採決はまさに瞬間を捉えた表決ですが、投票表決の場合は、投票用紙を投票箱に投函しても他の議員の投票が終了していなければ、議会意思は確定しません。訂正を求めることも可能ではないかと考えられますが、投票箱に投函した瞬間において当該議員の意思表示は確定したものとされ、訂正を求めることはできません。

議長の表決権

地方議会においては、地方自治法第116条第2項の規定により、過半数議決において議長は表決権を有しないこととされています。

その理由は、

①可否同数の場合の裁決権（決裁権）を議長に付与していること

②議長の中立・公正性確保の要請

――から、そのようにされていると考えられています。

しかしながら、いわゆる特別多数議決事件の表決においては議長も表決権を有することとされています。

Q 請願の紹介にはどのような意義がある？手続きはどんなもの？

A

請願の紹介とは、住民の議会に対する要望等について賛意を示し、議会の審議対象とするために取り次ぐことで、請願書の表紙に議員の氏名を署名、または記名押印する必要があります。

また、必要により請願の願意等について説明する義務を伴います。

請願紹介の意義と手続き

地方自治法第124条は、「議会に請願しようとする者は、議員の紹介により請願書を提出しなければならない。」と規定しています。

住民が議会に対し要望書等を提出するときに当該要望を請願として受理し審査が行われることを希望する場合は、当該議会の議員の紹介が必要です。

議員の紹介がない場合は、単なる要望、陳情、意見書等として送付することになります。

議員は請願者の依頼に基づき所定の手続きにより請願を紹介することができますが、この権限を請願紹介権といいます。

議員が請願を紹介するときは請願書の表紙に署名または記名押印をしなければなりません（県会規88、市会規139、町村会規89）。請願の紹介に当たっては、「請願の内容に賛意を表するものでなければ紹介すべきではない」とする行政実例（昭24（1949）・9・5、行実）があるほか、請願審査において委員会は審査のため必要があると認めるときは紹介議員の説明を求めることができ、紹介議員は委員会の求めがあったときは応じなければならないとされています（県会規91、市会規142、町村会規93）。したがって、議員は、請願の内容をよく理解した上で行うことが必要です。

会派に所属している議員は、自己の考えだけではなく請願の内容が会派の政策方針に反していないかも合わせて考える必要があります（請願の願意に賛成でなければ紹介すべきではないとする説に反対する意見もあります）。

議員の請願紹介権は議員固有の権限とされていますが、出席停止の懲罰を科され、議員の権限行使が停止された期間中は紹介議員にはなれないと解されています。未応招の場合は紹介議員になれると解されています。

しかし、未応招議員は委員会の出席要請があっても対応できないことも考えられるので、何らかの理由により定例会または臨時会に応招できないときは請願の紹介を控えた方がよいと考えます（請願については第15章で詳述）。

Q 要求権、請求権って何？どんなことを要求・請求することができるの？

A 議員が、議長や長に対して一定の行為を求め、または請求することが法令によって保障された権限を、要求権または請求権と呼んでいます。

資格決定の要求、処分要求、投票表決の要求、臨時会の招集請求、開議請求があります。

要求権、請求権

地方自治法および会議規則には、議員は議長、議会、長に対し一定の行為を求めることができる旨の規定があります。

これらの規定に基づく要求または請求は事実上の行為ではなく、法的に相手方を拘束する効果を有していることから、一般的に議員の権限として要求権、請求権と称されています。

要求権、請求権は議員一人で行使できるものと、一定数以上の議員によらなければ行使できないものがあります。要求権、請求権は行使することにより相手方を拘束し、要求、請求を議会に諮ることを要せずその効果が発生します。

資格決定の要求

地方自治法127条1項は、議員がその職を失う事由として、議員が被選挙権を有しない者であるとき及び兼業禁止（地自法92の2）に該当するときを規定しています。

そして、被選挙権の有無（一部を除く）および兼業禁止規定に該当するかどうかは、議会が決定するとしています。

そして、資格決定事件の発案権は議員に専属すると解されています（昭37〔1962〕・5・1、行実）。

地方自治法第127条の規定と行政実例に基づき、議員は他の議員の資格決定を議会に対して求めることができます。

議会の決定を求めようとするときの手続きは各議会の会議規則に規定されています。すなわち、「議会の決定を求めようとする議員は、その理由を記載した要求書を証拠書類とともに議長に提出しなければならない」（県会規105、市会規148、町村会規100）とされています。

資格決定の要求は議員一人で提出できます。

投票表決の要求

地方議会における標準的な表決方法は起立表決ですが、議員の賛否が相半ばしている事件、あるいは、事件の重要性と住民の関心度などから、議員の表決結果を明確にする必要がある場合の表決方法として、記名または無記名の投票表決があります。

議員は、一定数以上の議員とともに記名または無記名の投票表決によることを議長に要求できます。一定数は各議会の会議規則で定められています。

所定数以上の議員による要求があった場合は、議長はこの要求に拘束されますので、ただちに要求どおりの表決方法によらなければなりません。

標準会議規則には「出席議員○人以上から要求があるときは記名または無記名の投票により表決を採る。」（県会規81、市会規71、町村会規82）としか規定されておらず、その手続きについては規定していません。投票表決とする必要があるのは、上記のような場合に限られるので、あらかじめわかることです。事前に、議長に対して文書で要求することとすべきです。

臨時会の招集請求

議員は議員定数の4分の1以上の議員とともに付議事件を示して長に対し臨時会の招集を請求することができます（地自法101③）。

この場合の付議事件は、①法律上の事件であること、②議員に発案権のある事件であること、③具体的な事件であること――の3要件を具備したものであることが必要であるとされています。

開議請求

会議を開く権限は議長の専権事項とされていますが、議員は議員定数の半数以上の議員とともにその日の会議を開くことを請求（開議請求）することができます。この請求があったとき議長はその日の会議を開かなければなりません（地自法114①）。

開議請求を行うことができるのは、会議予定日時に定足数を満たしているにもかかわらず、議長が開議しないとき、あるいは、休憩、中止後あるいは散会後再び開議する必要があるときなどですが、休会の日でも開議請求はできます（昭34〔1959〕・5・25、行実）。

Q 動議とは何？どのようなことが動議で提出できるの？文書で提出することもできますか？

A

動議とは議員が議会の意思決定を求めて行う提議（発議）です。地方自治法および会議規則に規定されているものの他、議会としての意思決定が可能な事項であれば、明らかに法令に反するような事項でない限り可能です。

動議は原則として口頭で提出できるものですが、文書により提出することが義務づけられているものもあります。その他の動議であっても文書により提出することは可能です。

動議の定義

動議を正確に定義づけることは難しいのですが、一般的には議員が議会の意思決定を求めて行う提議（発議）で、議案の提出、異議の申し立て、要求など他の提案手続きや審議手続きが自治法及び会議規則等により求められているもの以外のものをいいます。

議員が動議として提議できる事項は、多種多様です。法令や議会制度の本質に反しない限りあらゆる事項が想定されます。

地方自治法および標準会議規則において動議として提出することが規定されているものとそれ以外のものがあります。

地方自治法および標準会議規則に動議の提出の規定がある事項は次のようなものがあります。

①修正の動議（地自法115の3）
②懲罰の動議（地自法135②）
③会議時間の繰り上げ、延長の動議（県会規9）
④日程の順序変更および追加の動議（県会規21、市会規21、町村会規22）
⑤延会の動議（県会規24、市会規24、町村会規25）
⑥質疑又は討論終結の動議（県会規58、市会規60、町村会規59）

動議の提出の時期と手続き

動議は原則として案を必要とせず、議場内において口頭で提出することができるとされています。修正の動議、懲罰の動議などのように法令によりあらかじめ文書による提出を求められるものもあります。

また、それ以外であっても、動議の内容を明確にすること等、あらかじめ文書で提出した方が適当な場合はそのようにすることもできます。

動議の提出は所定の発議者または賛成者を要することとされています。

多くの動議は、議会の審議過程の各段階で議題となりうる適切な時期に提出することが求められます。

例えば、会議時間の延長や日程追加の動議、延会の動議、質疑または討論終結の動議などは、会議の進行状況によりその必要性が判断されるものですから、あらかじめ提出はできないと解するべきです。

しかし、議事の進行や議題と直接関連のない動議などはあらかじめ提出することはできます。その場合は文書によることが適当な例が多いと思います（動議については第14章で改めて詳述）。

第10章　懲罰と処分要求

Q

懲罰とはどんなこと？
議会が懲罰権を発動できる対象って？

A

懲罰とは、議会の秩序ある運営の確保とその機能発揮を目的として、一定の秩序違反行為を行った議員に対し議会が議決により科すことができる制裁、懲戒罰です。

懲罰を科すことができる人的および言動の対象は懲罰の性格から、人的、事項的、時間的、場所的に一定の制約（要件）があります。

懲罰の意義

議員は住民を代表する議会構成員の一員として、議会の秩序ある運営を確保するため、一定の規律に服する義務があります。

しかしながら、規律に反した言動を行う議員もいます。そのような議員を放置していては、議会運営の円滑と品位を維持できないこととなるので、地方自治法は、「この法律並びに会議規則および委員会条例に違反した議員に対し議決により懲罰を科することができる」（地自法134）とし、議会に懲罰権を付与しています。

懲罰とは議会の秩序ある運営確保とその機能の維持を図るため一定の規律に違反した言動を行った議員に対して科す制裁です。

懲罰の対象

懲罰を科すことのできる者およびその対象とすることができる行為には、議会の秩序維持の観点から科すことが認められているという懲罰の性格から、人的、事項的、時間的、場所的に一定の制約があります。

○人的制約

議会の懲罰権は、議会の品位と規律保持のために認められているもので、懲罰を科すことができる者は、現に当該議会の議員の身分を有する者でなければなりません。したがって、任期満了や議員辞職により議員でなくなった者に対しては懲罰を科すことはできません。

また、現に議員である者であっても、議員としての身分、地位に基づかない議会の会議、委員会等への出席に伴う言動を事由に懲罰を科すことはできません。

すなわち、議員が地方自治法第100条の証人や同法第115条の2および第109条第5項に基づく公述人、参考人の立場で会議または委員会に出席したときに秩序違反行為があっても、当該議員に対して懲罰を科すことはできません。

○事項的制約

懲罰の対象となる言動は、

① 地方自治法、会議規則および委員会条例に違反する行為（地自法134）

② 議会の会議または委員会における他の議員に対する侮辱行為（地自法133）

③ 正当な理由のない未応招または欠席に対する招状に応じない場合（地自法137）です。これ以外の言動は懲罰の対象になりません。

○時間的制約

懲罰を科すことができる秩序違反行為は本会議または委員会等正規の会議時間中の行為に限定されます。議長や委員長の会議の開閉議宣告の前後におけるものは、時間的に連続していても対象にはなりません。

○場所的制約

懲罰は議会の秩序維持のために認められているものですから、その言動は本会議場、委員会室、その他正規の会議を行う場所におけるものに限定されます。議長室、事務室、議場ロビー等における言動は対象になりません。

議会外における議員の行為が、議会の品位を汚す行為であるとして懲罰を科すことはできません。会議規則における「議員は議会の品位を重んじなければならない」とする趣旨はあくまでも本会議や委員会等の議会の正規の会議における品位保持を要求するもので、議会外においても議員の品位保持を要求しているものではないと解されています。

一方、議会外の行為であっても懲罰の対象となると解されているものがあります。

①秘密会の議事漏洩

「秘密会の議事は、何人も秘密性が継続する限り、他に漏らしてはならない。」（県会規102②、市会規113②、町村会規97②）とされています。

議事漏洩は議会の運営および秩序と直接関連する問題であり、議会の内外を問わず議員に課された禁止事項です。議事漏洩は、一般的に議会外において行われるのが通常であることから、議会外において行われた行為であっても懲罰の対象となります。行政実例も「……議場外の行為であっても秘密会の議事を外部に漏らす行為に対しては、懲罰を課することができるものと解する」（昭25［1950］・3・18、行実）としています。

②欠席議員に対する懲罰

地方自治法第137条は、「議員が正当な理由がなくて招集に応じない、または会議に欠席したため、議長が招状を発しても、なお故なく出席しない者は議長において発議の上、懲罰を科することができる」旨規定しており、議長発議の懲罰権を認めています。

招集に応じない、または会議に欠席するという行為は議会内における行為ではありませんが、地自法が自ら具体的懲罰事由として規定しているので、懲罰の対象となります。

③議員派遣、委員派遣中の言動

地方自治法、または委員会条例に基づき行われる正規の議会活動である議員派遣または委員派遣中において、時間的、場所的に正規の活動中における品位を欠く言動等は対象となると考えられます。

Q 懲罰の種類には、どのようなものがあるの？

A 懲罰には、戒告、陳謝、出席停止、除名の4種類があります。

懲罰の種類

議会において議員に科すことのできる懲罰の種類は、地方自治法に、

①公開の議場における戒告
②公開の議場における陳謝
③一定期間の出席停止
④除名

の4種類が規定されています（地自法135①）。

したがって、これ以外の懲罰を科すことはできません。
(1) 公開の議場における戒告
戒告とは当該議員を戒めることです。その方法は地方自治法はじめ標準会議規則に規定はありませんが、一般的には、議長が当該議員を起立させ、議会の決めた戒告文(県会規119、市会規162、町村会規113)を朗読することとしています。
(2) 公開の議場における陳謝
陳謝は公開の議場において、議会の議決した陳謝文を当該議員が朗読することです。

一般的には、陳謝は陳謝する者が、陳謝文を作成して朗読するものですが、議会における懲罰としての陳謝は、懲罰委員会の起草により議会が議決した陳謝文を朗読する方法によることとされています。

これは、当該議員に作成させると議会の懲罰理由に合致した陳謝内容にならないこともありうることから、議会が決めた陳謝文によることとされています(県会規119、市会規162、町村会規113)。
(3) 一定期間の出席停止
出席停止とは、一定期間、本会議および委員会への出席を禁止するほか一切の議会活動を禁止するものです。すなわち、会議出席はもちろん、議案、動議の提出者または賛成者になること、請願の紹介を行うこと、開議請求を行うことなど議員の身分に基づく議会活動が禁止されると解されています。(「請願紹介権まで奪うものとは考えられないが、当該請願の趣旨説明の要求に対応できないので、適当ではない」とする説があります。)

○出席停止の期間

科すことができる出席停止の期間について地方自治法はなんら規定していませんが、標準会議規則は、一定の最高限度日数を定めることとしています(県会規120、市会規163、町村会規114)。

最高限度日数の基準はありませんが、一般的には、当該議会における通常の会期日数の範囲内とすべきであると考えられます。

しかし、会議規則に定める期間内であっても、当該会期の残日数を越えて出席停止を科すことは、当該会期中における秩序違反者に対する懲罰であることの性格上、適当ではありません。

このことについては、「……、当該会期を超過する期間にわたり議員の出席を停止する旨の決議は違法」とする判決(昭29〔1954〕・10・6、青森地裁)もあり、行政実例は、「議員に対する出席停止の効力は次の会期に及ばない」（昭23〔1948〕・10・30、行実）としています。

（4）除名

除名とは、議決により議員の身分を失わせることです。住民の直接選挙により選出された議員の身分を議会の自律権としての議決で失わせるものですから、最も重い懲罰と解されています。したがって、除名の議決は特別多数議決が採用されており、3分の2以上の議員が出席し、出席議員の4分の3以上の賛成が必要とされています（地自法135③）。

Q 懲罰を科すにはどんな発議をいつまでに提出し、どんな審査手続きを踏めばよい？ また、秩序違反が明白な場合、いきなり本会議即決は可能？

A 懲罰動議の提出、または議長の欠席議員に対する懲罰発議により議題とします。その後の流れは下記の通り。

①対象議員の除斥
②提出者の説明
③質疑
④対象者の一身上の説明
⑤委員会付託
⑥委員会審査報告

を経て、議決という手続きが必要です。

懲罰動議（議長の発議）の提出

懲罰動議は、懲罰事犯があったので、懲罰を科されたいとする申し立てであり、

①議員定数の8分の1以上の議員による動議提出（地自法135②）
②欠席議員に対する議長発議（地自法137）

の2種類であり、議員による懲罰動議の提出は文書でなされなければならないこととされています（県会規116、市会規160、町村会規110）。

議員による懲罰動議の提出には「懲罰事犯があった日から起算して3日以内に提出しなければならない」とする期限が設けられています（県会規116②、市会規160②、町村会規110②）。

これを短期時効制度といっていますが、期限を設け

た趣旨は、一般的に

① 議員の身分に関わる事犯の存否を長期間不確定な状態に置くことは、議会運営上および議員本人に対して与える影響が大きいこと

② 事犯発生から日数を経過すると事実の究明が困難となること

などによるものです。

標準会議規則では県、市、町村いずれも短期時効を規定していますが、この規定を持たない議会は会期中であれば、いつでも動議を取り上げることができます。

懲罰動議の内容は、単に「○○議員に懲罰を科されたい。」とするものと、「○○議員に○○の懲罰を科されたい。」とする懲罰内容を特定した動議があります。

閉会中の継続事件を審査・調査している委員会における懲罰事犯及び議会最終日の懲罰事犯の取り扱い

懲罰動議の提出は事犯のあった日から起算して3日以内に提出しなければならないとされています。

この規定のもとにおいては、閉会中の委員会における事犯及び会期の最終日や前日における事犯は懲罰動議を提出することは事実上できませんので議会において取り上げることができません。議会の秩序維持の観点からは不都合なことになります。

地方議会においてはこの問題を解決する規定はありませんが、国会法においては上記のような事犯については、次の国会の召集の日から3日以内に動議を提出することができる旨の規定があり、法律上解決されています(国会法121の2②、121の3②)。

審査の流れ

○本会議審査

議長が懲罰動議を議題とし、懲罰対象議員が除斥対象であることを宣告し、退席を求め、その後提出者の提案説明を行い、対象議員から弁明の申し出(釈明あるいは反論の申し出)があったときは、議会の許可によりこれを聴取しその後、質疑を行い委員会に付託します。

付託委員会は、常任委員会または特別委員会ですが、特別委員会付託が一般的運営とされており、その場合は、懲罰特別委員会の設置と同委員会への懲罰動議の付託の議決が必要になります。

○委員会審査

懲罰動議は、委員会付託を省略して議決することができない（県会規117、市会規161、町村会規111）こととされています。これは議員の身分に関わることであるから、慎重な審議が要求されるからです。事犯の事実が明白であっても委員会付託が必要です。

委員会審査においては、本会議と同様、一身上の弁明の申し出があれば委員会の許可により聴取します。特定の懲罰を科されたいとする動議の場合は、委員会で審査する原案が明確ですから、懲罰を科すことが適当であるか否か、さらに動議が特定した懲罰が妥当であるかどうかを決することになります。

動議は修正できないという議会の会議原則がありますから、動議が特定した懲罰が、重すぎるあるいは軽すぎるとする意見が多数であった場合は、他の懲罰に修正することはできないので、懲罰動議を否決することになります。

懲罰の種類を特定しない動議の場合は、まず、懲罰を科すべきか否か、科すとすればどのような懲罰を科すかを議論して議決します。

また、戒告または陳謝の懲罰を科すと議決した場合は、戒告文、陳謝文を起草し議決をする必要があります。

○本会議審査（委員会報告書提出後）

特定の懲罰を科すべきとする動議が委員会において可決として本会議に報告され、これが否決された場合は、動議そのものが否決されたものとなります。

したがって、他の懲罰を科されたいとする動議は、地自法第135条第2項の発議を要します。

これに対し、単に懲罰を科されたいとする動議を委員会において審査し、例えば出席停止○日と言う懲罰を決定し本会議に報告し、これが否決された場合は、出席停止○日とすることが否決されただけであり、懲罰動議そのものは否決されたことにはなりません。新たに別の懲罰を科すべきという動議を提出することができ、しかもこの動議は地自法第135条の懲罰動議ではないと解されていますから、8分の1以上の発議による必要は無く、一般動議の提出要件が適用されると解されています（昭33〔1958〕・4・3、行実）。

したがって、また、短期時効の規定は適用されないことになります。

処分要求と懲罰動議との違いは？

処分要求とは議会の会議、または委員会において侮辱を受けた議員が議会に訴えて、処分を求めることです。内容は懲罰と同じですが、処分要求は侮辱を受けた議員だけが一人で提出できる懲罰動議と解されています。

処分要求と懲罰動議

地方自治法は、「普通地方公共団体の議会の会議または委員会において、侮辱を受けた議員は、これを議会に訴えて処分を求めることができる。」（地自法133）としています。処分の内容や処分を求める相手方については明確には規定されていませんが、地方自治法第133条に言う処分とは懲罰処分の意である（昭22〔1947〕・8・8、行実）と解されており、相手方は議員に限るものであって、執行部職員等には及ばないとされています（昭30〔1955〕・11・1、行実）。

したがって、処分要求の提出は懲罰動議の提出と同様に文書によることとすべきであり、また、提出できる期間についても短期時効の適用があると考えるべきですから、侮辱を受けた日から起算して3日以内に提出しなければならないと解されています。

一方、本来、処分要求とは侮辱を受けた議員の名誉回復が主たる目的であり、議会の秩序維持を目的とする懲罰とは本質的に異なるものであるから、侮辱を受けたことに対する処分と言うのは、当該発言の取り消しや侮辱を受けた議員に対し直接陳謝するなど、地方自治法が定める処分以外の方法も有り得るし、処分を求める相手方も会議または委員会の議員以外の出席者にも及ぶべきものです。また手続きも必ずしも懲罰動議と同様とする必要もないとする考えもあります。

国会においても、処分要求の規定がありますが、その取り扱いは懲罰とは別のものとされています。

しかし、地方議会においては、上記行政実例により、懲罰動議と異なる点は被侮辱議員が一人で提出できるということだけであり、処分の内容、相手方、審査手続等において懲罰と同様であると解されています。

Q 議会の懲罰議決に不服の懲罰対象議員に、救済措置はある？

A 地方自治法第255条の3に基づく審決の申請、または司法審査が可能です。ただ、その対象になるのは除名と出席停止だけです。

懲罰議決と司法審査・審決の申請

議会の懲罰議決が司法審査の対象となるか否かについては、従来「自律的な法規範をもつ社会ないし団体に在っては、当該規範の実現を内部規律の問題として自治的組織に任せ、必ずしも、裁判にまつを適当としないものがあるから…出席停止の如き懲罰はまさにそれに該当するると解するを相当とする。…議員の除名処分の如きは、議員の身分の喪失に関する重大事項で、単なる内部規律の問題に止まらない…」とする趣旨の最高裁判所大法廷の判決（昭35〔1960〕・10・19）により、除名以外の懲罰議決は裁判権の対象とならないとされ、これに合わせて地自法第255条の4の審決の申請についても、出席停止の懲罰は対象となりえないと解されてきました（昭48〔1973〕・5・1、行実）。

しかし、令和2年11月25日の最高裁判所大法廷判決において、「出席停止の懲罰の性質や議員活動に対する制約の程度に照らすと、これが議員の権利行使の一時的制限に過ぎないものとして、その適否が専ら議会の自主的、自律的な解決にゆだねられるべきであるということは出来ない」、「普通地方公共団体の議会の議員に対する出席停止の懲罰の適否は、司法権の対象となるというべきである」とされました。

この判決を踏まえ、出席停止の懲罰は地方自治法第255条の4に基づく審決の対象となるものと解するとされました（令2〔2020〕・12・17、行政課長通知）。

従来は、議会の懲罰議決は除名以外は議会外部の審査の対象とならなかったことから、妥当性を欠くと思われるような議決も争うことができませんでしたが、上記最高裁判所の判決により、今後は、係争事例が増加することも考えられますので、懲罰事犯の内容と懲罰の均衡、妥当性を十分に検討して議決することが求められるのではないでしょうか。

第11章　議会の招集と会期

Q **議会はいつ、誰が招集するの？**

A 条例で定める回数ごとに長があらかじめ定めた招集時期、および臨時的に必要と認めた場合、並びに議員または議長から臨時会の招集請求があったときに、長が議会を招集します。

招集の意義

一般的に議会は、その構成員が所定数在任していても、議事機関としてその機能を発揮する現実の活動を行うことはできません。

議会が、適法にその権限を行使するためには、法律上の権限を有する者の要求に基づき、議員定数の半数以上の議員が所定の期日に所定の場所に参集することが前提条件として必要とされています。

すなわち、招集とは議員定数の半数以上の議員が在任し抽象的に成立している議会が、現実に議事機関として活動を行うことを前提として、権限を有する者が全議員に対して、一定の期日に一定の場所に集合することを要求する行為です。

この要求行為に基づき、議員定数の半数以上の議員が参集したときに、はじめて議会が現実に活動しうる状態に置かれることとされています。

招集権者

わが国の地方議会の招集権は、原則として当該地方公共団体の長が有しています（地自法101①）。例外的に議長が招集権を行使できる場合があります（地自法101⑤、⑥）。

本来、合議機関がその機能発揮を目的として当該機関の構成員の集合を求める権限は合議機関の長、すなわち議長にあるべきなのですが、議会制度の歴史や現実的な必要性から当該団体の長に付与していると一般的には説明されています。

すなわち、現在の地方公共団体の重要な意思決定は議会の議決が必要とされており、その原案である議案のほとんどが長によって提出されるという実態から、議会の招集権は長に付与しているとされています。

議会の成立

招集に応じて、招集日当日に議員定数の半数以上の議員が議会に出席する意思を持って参集し、所定の参集手続きが取られることによりはじめて具体的な議会が成立します。

招集日当日に所定の議員が参集しなかったときは、議会は成立しません。改めて別の日を定めて招集しなければ議会は審議機能を発揮することができません。

招集の手続き

地方公共団体の長が議会を招集しようとするときは、招集告示を開会の日前、都道府県および市は7日、町村は3日までに行わなければなりません。ただし、緊急を要する場合は、所定の日数を要しないこととされています（地自法101⑦）。

告示は地方公共団体が定める公告式条例に基づき行うもので、招集の法律要件です。

告示の内容としては、招集期日と招集の場所ですが、臨時会の場合は付議すべき事件名も告示する必要があります。

Q 招集される議会の種類と、その違いは何？

A 地方公共団体の議会には2種類あります。条例によって定期に招集される定例会と、必要に応じて臨時に招集される臨時会です（地自法102①）。

定例会

定例会とは議会において審議しなければならない事件の有無に関係なく毎年、定期的に招集しなければならない議会のことであり、条例で開催すべき回数を定めなければなりません（地自法102②）。

開催すべき定例会の回数についての地方自治法の規定は、制定以来数度の改正を経ています。

地方自治法制定時は6回以上とされていましたが、昭和27年（1952）改正により4回とされました。それが昭和31年（1956）改正では4回以内に条例で定めることとされ、さらに平成16年（2004）改正によって法による回数制限を廃止し条例で定めることとされ、現在に至っています。

定例会の回数を定める条例の発案権は長および議員の双方にあると解されていますが、条例に定めるのは回数だけであり、時期（期日）を定めることはできないとされています。招集の時期を決定するのは長の招集権の内容であるから、条例あるいは議会の会議規則に規定することは長の議会招集権を侵害するものと解されるので、できないとされています。

臨時会

臨時会とは、必要のある都度特定の事件に限ってこれを審議するために招集される議会です（地自法102③）。

したがって定例会は条例で開催回数が規定されていますが、臨時会は開催回数の規定がないので何回でも開催することができます。

臨時会の招集告示

臨時会は定例会と同様に議会を招集しようとするときは、開会の日前、都道府県および市は7日、町村は3日までに招集告示を行わなければなりません。

また、付議する事件をあらかじめ告示することが必要（地自法102④）です。

臨時会に付議する事件は、次の定例会の開催まで待つことができない性格、内容のものであることが要求されます。また、そのことから、臨時会は原則として、あらかじめ招集の目的として告示された事件に限り審議することができる議会です。

「あらかじめ」とは、少なくとも招集の日までと解されます。一般的には招集告示と合わせて行うのが適当ですが、特別な理由があるときは招集告示と同時でなくてもよいと解されています。

定例会と臨時会の違い

○審議できる事件

定例会は上記のとおり、議会において審議しなければならない事件の有無に関係なく、毎年定期的に招集しなければならない議会ですから、あらかじめ付議事件を告示する必要がありません。

実際には当該定例会に提案を予定する事件はあらかじめ決まっていますが、定例会中に追加提案することも可能です。

これに対し、臨時会は上記のとおり、必要のある都度、特定の事件に限ってこれを審議するために招集される議会ですから、原則としてあらかじめ付議事件として告示した事件に限って審議することができる議会です。臨時会の会期中に追加提案することは原則としてできません。

例外として、緊急を要する事件は告示されていない事件であっても審議することができます（地自法102⑥）。この場合の事件の発案権は長および議員の双方にあります。「緊急を要する」とは、事態が切迫しており、当該臨時会で審議しなければ時間的に余裕のない程度の緊急性がある場合を言う、と解されます。

緊急事件であるかないかの認定は、当該議案の発案者が長である場合は長、議員である場合は議員がするものですが、議会も当該議案の審議に当たってその認定をすることができる（昭28〔1953〕・4・13行実）とされており、その認定には客観性が要求されるもの、と解されます。

○臨時会で一般質問はできない

一般質問とは、当該普通地方公共団体の一般事務について問い質すことですから、事件としての特定性がないので、特定の事件に限り審議するために招集される臨時会では行うことはできないとされています（昭32〔1957〕・12・23、行実）。

○臨時会の再度招集

地方自治法第113条により、議会は議員定数の半数以上の議員が出席しなければ会議を開くことができないとし、定足数の原則を規定していますが、その例外のひとつとして、同一の事件について長が再度招集してもなお半数に達しないときは、定足数を欠いたままで会議を開くことができる、としています。

再度招集は、臨時会だけに適用されるものであって、定例会についてはありえません。それは、定例会は定期的に招集しなければならない議会であり、法律上あらかじめ付議事件を告示する必要がないので、再度招集の要件である同一の事件が客観的に存在しないからであると解されています。

また、定例会の招集日当日に所定の議員が参集しなかったときは、当該定例会は成立しませんが、地方自治法第102条第2項にいう、条例で定める回数に含まれる、と解されています。

このことからも定例会を再度招集するということはできません。

Q 議会の招集請求は、どうすればできるの？

A 議員定数の4分の1以上の議員、または議長は、付議すべき事件を示すことで、臨時会の招集を長に対して請求できます。

招集請求に対して、長は20日以内に臨時会を招集しなければなりません。

長が当該期間内に臨時会を招集しない場合は、議長が招集することができます。

招集請求権者と招集請求の要件

議会招集の権限は原則、当該地方公共団体の長に専属していますが、議長および議員は臨時会の招集請求権を有しています（地自法101②、③）。

議長または議員定数の4分の1以上の議員から臨時会の招集を請求することができます。

議長が招集を請求するときは議会運営委員会の議決が必要です。

招集を請求するに当たっては、付議すべき事件を示す必要があります。付議すべき事件の要件としては、一般的に①議員に提案権のある事件であること（昭4〔1929〕・8・31、行実）、②法律上の事件であること（昭40〔1965〕・4・14、行実）、③具体的な事件であること（昭40・4・14、行実）――の3つの要件を具備していなければならないとされています。

したがって、長に提案権が専属している議案を付議事件として請求することはできません。議員に提案権はありませんが、閉会中に受理した請願を付議事件として招集請求はできます（昭49〔1974〕・2・5、行実）。

議長不信任決議等の事実上の事件を付議事件として

招集請求はできません。意見書は地方自治法第99条に根拠がある法律上の事件なので意見書を付議事件とし招集請求はできます（昭24〔1949〕・7・1、行実）。

議員または議長が招集を請求できる議会は臨時会に限られます。

仮に条例および規則に定める定例会が予定の時期に招集されない場合があったとしても、議員および議長は定例会の招集を請求することはできません。

招集請求と長、議長の招集権

議長または議員定数の4分の1以上の議員から付議すべき事件を示して臨時会の招集請求があったときは、長は請求のあった日から20日以内に臨時会を招集しなければならないこととされていますが（地自法101④）、20日以内に長が招集しないときは、議長の請求にかかる臨時会については議長が招集することができます（地自法101⑤）。

また、議員請求の臨時会については、請求議員の申し出に基づき、申し出があった日から都道府県および市にあっては10日以内に、町村にあっては6日以内に、議長は当該臨時会を招集しなければなりません。（地自法101⑥）

Q 会期は決めなければいけないの？それに、いつ、誰が、何を基準にして決めるの？

A

制度発足の歴史上、議会は必要な場合に招集され、招集目的の議了によって閉会する機関として位置付けられています。

開会後、速やかに当該議会の終期を議会の議決によって定めることとされています。

会期の意義

議会が招集された後、法的に有効にその権限を行使し、機能を発揮できる一定の期間を会期と言います。

議会は長により招集され、議員定数の半数以上の議員が参集し、開会することにより活動能力を取得しますが、一定の期間が経過すると閉会し、その活動能力を失うこととされています。

議会は制度発足の歴史上、必要な場合に招集され、招集目的である議案等の審議が終了すると閉会し、その活動能力を失う機関として位置付けられているのです。その一定の期間を会期と言います。

会期はいつ、誰が決める

招集権は長にありますが、いったん議会が成立した後の会期決定権は議会にあります。会期は議会の議決により決定することとされています。すなわち、地方自治法第102条第7項に「……会期及びその延長並びにその開閉に関する事項は、議会がこれを定める」と規定されていることを受け、標準会議規則は、「会期は、毎会期の初めに議会の議決で定める」（県・市・町村会規5）としています。

会期の決定時期については、標準会議規則は「毎会期の初め」と規定していますが、これは会期を決定することが困難である特別な理由がない限り速やかに定めるという趣旨であって、その会期の初日つまり招集日当日を必ずしもさすものではない。したがって、相当の理由があるときは2日目以降に会期決定をすることも違法ではない、とするのが一般的な考え方です。

これに対し、招集日当日に会期の決定がなされない場合、2日目以降は法的な活動能力を有しないこととなるので、会期の初めとは招集日当日を指す、とする説もあります。

会期を定める基準としては付議事件の内容、性格、審議能力等を考慮して定めるものと考えられており、何日間という日数、または、○月○日までという期限をもって定めるのが通例です。

会期は定例会または臨時会の招集目的である議案等の審議の終了に必要な期間が設定される運営がなされています。

付議すべき事件の有無にかかわらず、定期的に招集するのが定例会であることからすると、本来、定例会には招集目的という概念がないのですから、招集目的の終了によって閉会とする考え方は必ずしも当てはまるとはいえません。

しかし、各定例会にはあらかじめ提出予定議案が特定されており、当該議案の審議終了をもって閉会とする運営が慣例化しています。

議会には議決機能のほか監視機能や提案機能という重要な機能がありますが、この機能は常任委員会の所管事務調査の充実によって発揮できる機能であると考えられますので、定例会の会期は常任委員会の付託事件審査のほかに所管事務調査の日程も確保した決定がなされる必要があると考えます。

現在の定例会の会期決定は議決機能発揮のみを考慮したものであり、議会の幅広い機能発揮の充実のためには会期決定のあり方を見直す必要があるのではないでしょうか。

第12章　議案の提出と審議

Q 「議案審議」ってどんな手順になるの？

A

提出された議案は通常、議題とした後、
①提出者の説明→質疑
②委員会付託
③委員長報告
④質疑
⑤討論→表決の順で審議します。

議案審議の一般的な流れは、

①本会議において議題とした後に提出者の説明を行い、議員の質疑がある場合は質疑を行い、議長が所管の常任委員会、または議会運営委員会に付託します。

常任委員会にかかる事件は議会の議決で特別委員会に付託することができます。

県および市議会においては、委員会付託を原則としており、議長職権により所管の常任委員会または議会運営委員会に付託しますが、議決により付託を省略することができます。

これに対し、町村議会においては委員会付託を原則とせず、議決により委員会付託をすることができるとする運営が標準とされています（県会規38、市会規37、町村会規39）。

次に、

②委員会に付託した場合は、委員会の審査報告書の提出を待って、議長が本会議の議題とした後、委員長の審査の経過および結果の報告および少数意見がある場合は少数意見の報告を聴取します（県会規39、40、市会規38、39、町村会規40、41）。

③修正案が提出されている場合は委員長報告および少数意見報告の後、議長は修正案の説明をさせます（県

会規41、市40、町村42）。

④委員長報告および少数意見報告並びに修正案の説明に対し質疑がある場合は質疑を行います（県会規42、市会規41、町村会規43）。

最後に、

⑤討論に付し、その終結の後、表決に付します（県会規43、市会規42、町村会規44）。

以上が一般的な議案審議の流れです。

Q 提出者の説明、委員会付託、質疑、討論は議決で省略できるの？

A 提出者の説明、委員会付託は省略することができますが、質疑、討論は省略できません。

提出者の説明と委員会付託は議会の議決で省略することができます。一方、質疑、討論は、議決によっても省略することはできません。質疑、討論の発言の申し出があれば、これを議決により省略して、許可しないということはできないのです（県会規38③、市会規37③、町村会規39②）。

右記の標準会議規則の規定は、議案の一般的な審議方式、審議順序を規定したものであって、提出者の説明や質疑そのものに関する規定ではありません。しかし第1項において、「提出者の説明と質疑の後、所管の委員会に付託する」旨定めた上で、第3項で、「提出者の説明または委員会の付託は、議会の議決で省略することができる」旨規定していることからすると、質疑は議決により省略できないのです。

議決すべき事件について、疑義がある場合、その疑義を解明しなくては可否の表明ができないので、質疑通告があればこれを許可するのが原則です。議決により質疑の機会を奪うことはできません。

また、討論についても、議決により省略できる規定は標準会議規則にはありません。議会審議において討論は欠くことができないものです。

「討論」とは、異なる考えを有する住民代表の議員が、議案審議の最終段階において、賛否それぞれの立場から考え方を披瀝しあうものです。多数決が原則の民主主義においては、最終的な表決を求めるための手続きとして欠くことのできないものですから、通告があればこれを許可しないことはできません。

提出者の説明が省略された事件の質疑はできる？

提出者の説明省略が議決された事件についても、質疑の通告があれば議長は許可せざるを得ません。

会議規則の規定に基づき、提出者の説明省略が議決された事件について、質疑通告があったとき、議長は質疑を行わせないことができるでしょうか。

質疑とは、右記のとおり、会議に付する事件の疑問解明です。疑問が解明されなければ、賛否の表決ができませんからこれを省略することは議決によってもできないというのが基本的考え方ですから、質疑は申し出があればこれを許すというのが基本です。

一方、提出者の説明省略が議決されたということは、事件の内容が簡単明瞭であって、説明を聞くまでもなく、したがって疑問の余地が無いということです。しかも、説明が無いのに何に対して質疑するのかという意見があります。しかし、質疑は、説明に対するものではなくて事件そのものに対する疑義の解明であり、説明が省略されても通告があればこれを許さざるを得ないという考えもあります。

実際の議会運営において、このようなことが生じることはないかも知れませんが、提出者の説明省略に対して、反対する会派や議員がいたときに、過半数議決により提出者の説明省略を議決すると、生じる可能性もあります。

多数で説明省略を議決した場合に質疑の申し出があったときは、議長は許可せざるを得ません。提出者の説明と質疑は別のものと考えるべきです。

提出議案の提案説明と質疑に対する答弁は誰が行うの？議員は答弁者の指定はできるの？

長提出の議案については長または自治法第124条に規定する委任または嘱託を受けた者が行います。議員が指定することはできません。

長提出議案の提案説明と質疑に対する答弁を誰がするかは、長の任意であり、議員が答弁者を指名しても、これに応じる義務はありません。

提出者の説明は、長がその概略を説明し、詳細は担当部課長が説明するのが一般的であるようですが、長が説明しない取り扱いの団体もあるようです。

いずれにしても、「提出者の説明」と規定されていますが、提出者である長が説明しなければならないものではありません。

また、答弁者についても、質疑の内容に対して詳細かつ明快な答弁ができる者が答弁することが求められるのであって、議員の指定にとらわれる必要はありません。

これに対して、議員提出議案については、説明、答弁とも提出者が行うもので、特段の理由がない限り、賛成者が行うことはできません。

提出者は議案に対して全責任を有する立場にありますが、賛成者は、提出に際し、あらかじめ議案に対し賛成の意思表示をするにすぎません。

また、提出者が複数いる場合に特定の議員を指名して質疑することは一般的にできないと考えられています。誰が答弁するかは提出者が協議し、最適任者が提出者を代表して答弁すべきものであると考えられるからです。

Q 議員提出議案の提出者と賛成者の役割は？所定数全員が提出者ではいけないの？

A 提出者は議案の趣旨説明、質疑に対する答弁義務があります。

賛成者は提出に当たって議案に対して、単に賛成の意思表示をするだけであり、説明や答弁義務はありません。全員が提出者であっても所定数を満たしていれば議案の提出は可能です。

議案の提出者は議案の内容を熟知し趣旨説明を行い、質疑に対して答弁を行う義務がありますが、賛成者にはその義務はありません。

本来、議案は提出者一人でも提出できるものだったのですが、審議効率の確保のために、あらかじめ提出議案に賛意を示す一定数の議員の存在を求めることとされたのです。

したがって、賛成者よりも議案の提出について強い責任を有する提出者が賛成者の役割を果たせないとする理由はありません。法規上求められる所定数の全員が提出者であっても提出できるのは当然であると考えられます。

Q 議員提出議案の提出者、賛成者の追加、取り消しはできるの？ 取り消しにより提出要件を欠いた議案はどうなるの？

A 提出者、賛成者の追加、取り消しに関する規定はありません。議案の提出や賛成は軽々に行うべきではありませんが、法律または会議規則で禁止されていない以上、各議会の判断により議会の議決により認める取り扱いも可能です。

議員提出議案の提出者、賛成者の追加、取り消し

議員提出議案の提出者、賛成者の追加、取り消しについては、地方自治法はもとより標準会議規則に規定がありません。

国会においても衆議院、参議院とも議院規則には規定がありませんが、取り扱いとしては、両院とも提出者、賛成者の追加、取り消しはいずれも原則として認めないこととしているようです。ただし、議員の死亡、除名その他特別の事情があるときは訂正によるか、特別な事情があるときは議運理事会で決める。などの取り扱いをしているようです。

追加を認めないのは、提出当初に必要な数があって提出された以上、議案の取り扱いになんら影響はなく、必要以上にその追加を認める必要性がないからであると考えられています。

取り消しを認めないのは、議案の発議は、軽々に行うべきではない、という考え方が基本にあるからです。

地方議会における取り扱いは国会の例に倣っている議会、あるいはいずれも認めている議会もあると思われます。運用は各議会の判断で決めることだと思います。

追加は特段認める必要性がありませんが、取り消しはいかなる事由があっても認めないとするのには若干の疑問があります。

審議過程において、当該議案に対する疑問が新たに明らかになった場合や他により良い案が提出されたような場合、提出者あるいは賛成者のなかには、提出者、賛成者となることに疑問を持つ議員が現れてくることも考えられます。現実には、会派制を取っている限り、そのようなことはないと思いますが、理論的にはありうるわけです。そのような場合に議案の撤回が認められているのに、提出者の取り消し、あるいは賛成者の取り消しが認められないのはどうなのか、非常に疑問だと思います。

そのような場合であっても、取り消しを認めないとすると、提出者あるいは賛成者が、当該議案の採決に当たって、反対の意思表示をすることや対案が提出された場合などに、対案に賛成することも想定され、議事の混乱を招くことも考えられます。

軽々に発議や賛成を行うことは厳に慎むべきではありますが、法律または会議規則で禁止されていない以上、状況により議会の議決により認めることがあってもよいと考えます。

提出要件を欠くこととなった議案の取り扱い

提出者または賛成者の取り消しを認めた場合、あるいは提出者、賛成者の死亡や辞職等により提出要件を欠くこととなった議案の効力をどのように考えるかの問題があります。行政実例は、「12分の1以上の者の賛成または発議は、議案の提出または発議の要件であり、審議継続の要件ではない」（昭和31〔1956〕・9・28行実）としています。つまり、提出後、所定数を割っても議案に影響しないとしており、提出後に提出者を含め賛成者が一人もいなくなっても議案は存続する、としています。

これに対し、国会では、衆議院は、「正規の賛成者を欠くにいたったときは、速やかにこれを補充しなければならない。補充ができないときはその議案は消滅する」と衆議院規則（36の2、①、②）に明記されています。したがって、所定の賛成者は議案の存続要件であると解しています。

また、提出者については、規定はありませんが、提出者がいなくなれば議案は消滅、複数いた場合に一人でも残っていれば有効に存続するとして取り扱うこととされているようです。

参議院は、規定はないが、取り扱いとして、提出者は一人もいなくなったら消滅、一人でも残っていれば有効、賛成者は、全員いなくなっても議案は影響を受けない、とされているようです。

つまり、賛成者は提出要件であるとされています。衆議院と参議院では異なります。

地方議会は、行政実例に従えば、提出者も含めて議案の提出要件であり、審議・継続要件ではないという取り扱いを行うことになります。

提出者や賛成者の死亡あるいは辞職等により所定数を割った場合ならば、議案は存続するという考え方も否定できませんが、提出後、議題とする前、あるいは審議途中で何らかの事情変更で前述のように提出者、賛成者から取り消しの申し出があり、これを認めた場合、一定の提出者や賛成者の存在が、当該議案が議会の審議に値するという保障を与えるという制度趣旨から考えると、疑問です。

少なくとも、議題として、趣旨説明を行うまでは所定数を欠くことは許されないのではないか、という考え方もあります。

いずれの取り扱いをするかは、それぞれの議会の判断で決めることになります。

第13章　質問と質疑

Q 質問と質疑の意義って、どこにあるの？それって違いはあるの？

A 質問は当該普通地方公共団体の一般事務全般について質《ただ》す発言であり、標準会議規則では一般質問と定義づけられています。
　これに対し、質疑は現に議題になっている議案の疑義を質す発言です。

一般質問とは

　地方自治法上、質問に関する規定は何もありません。

　しかし、執行機関に対し、当該普通地方公共団体の事務に関し、その実態や課題について質すことができることとしなければ、議会に課された行政の監視、政策提案等の機能を発揮することができません。

　したがって、質問は議員の職務と表裏一体となる固有の権能として当然有するものである、とする考えに基づき、会議規則に「議員は、（県、市、町村）の一般事務について、議長の許可を得て、質問することができる。」とする規定を置き、議員の権限として保障しているものです（県会規60、市会規62、町村会規61）。

　ただ、議長の許可を必要とします。議会という合議体の一構成員である議員が個人の行為として直接、執行機関と交渉を持つことは、公的な活動として位置づけることができないからです。そこで許可制としているものであって、議長の恣意に基づく不許可はありえません。

　すなわち、一般質問とは、議員が議長の許可を得て、議会の会議において議題とされている事件とは関係なく、当該普通地方公共団体の権限に属する行政全般にわたって、長に対し口頭で事実の説明または所見を質すことです。

一般質問の範囲

一般質問は当該普通地方公共団体の事務全般に対して行うことができますが、議会の権限が及ばない公社等出資法人の業務内容にかかることについては質問することはできません。

また、当該普通地方公共団体の事務とは直接関係のない問題、例えば国の事務であり、当該普通地方公共団体の権限の及ばない事件について、長の個人的所見などを求める質問はできません。

さらに、一般質問は当該普通地方公共団体の権限に属する行政事務について質すものであり、議会の行政監視機能の発揮を目的とし、長に対して行うことができるものです。

原則として議会の問題に関して、議長に対して一般質問をすることはできないと考えられています。

通告制

一般質問は議題に関連する発言ではなく、一般質問事態が議事として独立しているものですから、あらかじめ議事日程に記載しなければならないものとされています。

このため、質疑や討論について発言通告制を採用していない議会においても議事日程編成上の必要性から、議長の定めた期間内に質問要旨を文書で通告しなければならないこととしています。

質疑とは

質疑とは、会議において議題となっている事件について、提出者の説明の後、討論、表決の前提として当該事件の内容についての疑義を質すために説明、または所見を求める発言です。

したがって、質問は質問自体が議事日程になるのですが、質疑の場合は質疑という議事日程ではなく、事件が議事日程に掲げられていなくてはならないものです。

一般質問と同様に質疑についても、自治法はなんら規定していませんが、会議規則（県38①、市37①、町村39①）に規定があります。もっとも、この規定は会議に付する事件の審議方式、審議順序の一般原則を規定したもので、質疑そのものに関する規定ではありません。

質疑の範囲

質疑は議題になっている事件の内容に関するもので

なければなりません。議題になっていない事件に及ぶことは原則としてできません。

しかし、例えば議題が条例の一部改正であったときに、その疑義を質すために、提案されている改正部分以外の条項について質疑をする必要がある場合もありえます。また、まったく別の条例の内容について質すことも、議題となっている条例の改正の問題点解明にとって必要な場合もあると思います。要は、現に議題となっている案件の疑問解明を行う上で、必要最低限の範囲内であるか否かの判断の問題であると考えます。また、質疑は議題となっている事件の疑義を質すための発言ですから、質疑においては自己の意見を述べることはできない（県会規53③、市会規55③、町村会規54③）とされています。

しかし、条例案に対する質疑の場合に、個々の条文の意義や解釈について質疑するだけではなく、条例の目的に対する疑義等も対象になるはずです。例えば、条例が目指すものの実現のためには他の方途も考えられるが、なぜ、こういう方途・規定を採用するのか、といった疑義の解明も質疑として認められるべきだと思います。そうなると、その前提として、こういう方途もあるという発言は自己の意見を述べることになるわけですから、質疑に自己の意見を述べることも必要な場合もあります。

なお、議題となっている事件に関連して、修正案が提出されている場合は、修正案について質疑することもできます。

さらに、委員長報告、少数意見報告があったときはそれらの報告についても質疑ができます。

質疑の対象者

質疑は原則として提出者に対して行うものです。議員提出議案についても提出者に対して行うものですが、当該議案の執行上の問題点等についての疑義がある場合は、その限りにおいて、執行機関に対して質疑を行うことができると考えられます。

Q 長の報告に対する質疑はできないの？

A 議決の対象でない報告に対しては、原則として質疑はできないとされています。しかし、議会の判断で、許可する取り扱いをしている議会もあります。

質疑というのは、議題となっている事件について、その賛否を決するための疑義の解明であると解されていることから、議決を前提としない長の諸報告に対して質疑はできないとされています。

しかし、地方自治法に、質疑について具体的に規定しているものはもちろん存在せず、会議規則にもありません。標準会議規則の規定は質疑とは何かを規定しているものではないのです。会議に付する事件の審議方式、審議順序の一般原則を規定したものであり、この規定をもって議決事件ではないものについての質疑を禁止しているとはいえないと思われます。

議決事件ではないものに対しても、質疑ができる場合もあってよいと考えます。少なくとも、議会の会議において口頭で報告されたものに対して、疑義があってもそれをその場で質せないというのでは、議会の本質的な役割を果たすことはできないと思います。議会の機能発揮の充実を考えたときに、議事運営上の狭い解釈によって議会が自らの権限を制約することは疑問です。

Q 緊急質問って何のこと？

A 緊急質問とは、緊急を要すると認められるときに議会の議決で、許可することができる質問です。

緊急質問とは何か

緊急質問とは、あらかじめ要旨を通告し、議長の許可により行うことができる一般質問の枠外の質問であり、緊急性が要求され、議会の議決が必要とされています。

標準会議規則は、まず一般質問について、質問の要旨を一定期間内に議長に文書で通告し、議長の許可により質問できると規定しています（県会規60、市会規62、町村会規61）。

そして、それぞれ次条に、「緊急を要するとき、その他、真にやむをえないと認められるときは、前条の規定にかかわらず、議会の許可により質問できる」旨を規定しています。これが緊急質問です（県会規61、市会規63、町村会規62)。

「緊急」という意味は、事態が差し迫って、即時臨機の措置を図る必要がある状態で、一時の猶予もなく直ちに議会の会議で質問を行い、それによって、議会の意思を決定するなり、長の対応を迫るなど適切な対応の必要がある事態をいうものと解されています。

一般質問は、あらかじめ付議された特定の事件に限り審議する臨時会においてはできないといわれていますが、緊急質問はその性格からして、臨時会でもできると解されています。

緊急質問の手続き

緊急質問を行う場合の手続きは、原則的には、事前の申し出を必要とする取り扱いとすべきです。

一般質問が通告制をとっているのに対し、その例外として緊急質問制度があるのだから、事前の申し出は必要ではなく、動議として認められるべきであるという考えもあります。しかし、いかに緊急質問とはいえ、会議中にあらかじめの通告もなく、いきなり許可を求められても、緊急性の判断ができないうえ、答弁もできません。会議中の口頭による申し出は原則として認めない、仮に会議中に口頭で申し出があっても、その場では取り上げず本会議を休憩して、議会運営委員会で協議する――そういう申し合わせが必要です。会議中にその場で決定して直ちに質問をしなければならないほどの差し迫った事態は、一般的にはありません。

議事日程としては、議会運営委員会の協議に基づき認めることとした場合には「緊急質問の件」あるいは、「緊急質問の許可の件」という日程を掲載し、議長発議により緊急質問を許可し、日程に追加することを諮《はか》ることとなります。

緊急質問の関連質問

緊急質問の関連質問は原則として、認めるべきではないと思います。

ただ、現に行われた緊急質問に関連する事柄であって直ちに質問することが時宜に適していると考えられるものについては、許される場合もあります。しかし、あくまでも客観的なものでなければならないのですから、議長許可によるべきではなく、議会の許可を要する取り扱いにすべきです。

また、緊急質問への答弁に対する質問は質疑ですから、関連質問ではありません。答弁を質す質疑は緊急質問者以外には認めるべきではないと考えられます。関連質疑を認めると、関連質疑の名目で、緊急質問が行われる可能性があるから、それは認めるべきではないと考えます。

Q 一般質問をするときの留意事項はどんなもの？

A 質問に当たっては、質問の目的・目標を明確に定め、論点を具体化し、長や執行機関職員を納得させる理論構成を心掛けることが必要です。

議会運営の範疇を超えるかもしれませんが、ここでは、一般質問を行うに当たっての心構えのようなことについて、少しばかり私の意見を述べさせていただきます。

一般質問は議会の機能発揮の基本

一般質問は議会の持つ諸機能発揮のもとになるものです。議会の役割、機能を発揮するために個々の議員に付与されている権限です。したがって、質問は議会全体のために行使する権限であるという認識をもって行う必要があります。

一般質問は当該団体の政策の基本的な方向性や重要な行政課題について行うものであって、個々の住民や特定地域の要望等について質す、地域要望の実現を目指す手段に使うべきではありません。

質問の目的・目標の明確化、論点の具体化

質問に当たって一番大事なことは、質問の目的あるいは目標を明確化することです。

何を問題にするのか、論点をどこに絞るのか、あるいは、質問の到達地点、つまり、どこまで答弁させようとしているのか、どの程度の答弁を得ることを目標とするかを質問者自身が明確にしておく必要があります。

政策提案型の質問であれば、論点、問題点の明確化と必要な具体的措置を準備しておいて、長にどこまで明確な答弁をさせるか、何パーセントの回答を得るのを目標とするのか――その辺をあらかじめ決めておいて臨む必要があります。目的の明確化と目標水準をあらかじめ決めておかないと、質問の効果が十分に上がりません。

説明する・納得させる理論構成

質問に対して、はぐらかされず真っ向から受け止めた具体的な答弁を得られる質問をする必要があります。そのためには、説明する、納得を得られる理論構成がまず必要ではないでしょうか。

つまり、内容において具体的なものであって、理論的に納得せざるを得ない論理の展開が必要ではないでしょうか。

特に、政策提案型の質問になれば、具体的な内容が必要です。具体的でなければ、明快な答弁ができません。あいまいな答弁で済まされてしまいます。

質問材料の選択と裏付け資料の整理・分析

質問の材料としては、市民相談、報道記事、他市の事例等が考えられますが、裏付け資料の整理・分析が必要です。つまり、情報をそのまま鵜呑みにはしない。例えば新聞記事を題材にしようとすればその記事の裏を取っておく必要があります。情報、資料は確かなものを用意することが必要です。

過去の質問の分析、追及

もう一つ、一般質問で重要なのは、質問しっぱなしはいけないということです。

自分がした質問の答弁の追及は、是非やってほしいのです。もちろん他の議員が行った質問の追跡調査も結構です。

過去の質問の答弁において検討するとされた事項がどう検討されたのか、あるいは過去の質問の答弁において約束された事項がどのように実行されているのか、あるいは実行されていないのか――などを追跡して、さらなる質問に活かしていく工夫が必要です。

第14章　動議

Q 「動議」はいつでも、どこでも、口頭で提出できるの？文書で提出することもできる？

A

会議体の意思決定を求める提議（発議）を広く動議といいますが、地方議会では、議案及び会議規則において別途、提出手続きや審議手続きが定められた「異議」、「要求」など以外の提議（発議）をさします。

動議は議場において口頭で提出することを原則とします。したがって、提出する適切な時期があります。あらかじめ文書での提出が求められる動議は、議場外で提出するのが原則です。議場内で提出する動議でも、文書で提出できます。

動議の定義

「動議」の定義について定説はありません。議案、動議、発議、似たような用語がありますが、その違いは明確ではありません。

動議というのは、一般的に会議の決定を求めて行う提案です。議案の提出も動議です。議案を提案する行為（発議ともいいます）自体が動議です。一切の発議は動議といえるのです。

しかし、わが国の国会や地方議会では、議案の提出は動議の提出と区別しています。議案は動議という形式では発議できないこととしています。

定説として動議を定義付けることはできませんが、地方議会における一応の定義としては、「議員が、議会内の会議体の意思決定を求めて行う提議（発議）で、議案の提出、異議の申し立て、要求など提出手続きや審議手続きが別途、自治法及び会議規則等により求められているもの以外のもの」ということになります。

①提出できる者は議員に限ります。長に提出権はありません。

議員にあるということは、議長にも議員としての動議提出権はあります。しかし、議長発議という権限がある関係から、一般的には、議長は動議の発議権を行使しないもので、動議の賛成者に名を連ねるものではないとされています。

②広義では動議ですが、自治法及び会議規則上、議案という提出形式を要求しているもの、さらに異議、要求として規定されているものを除外するとされています。

標準会議規則は、議題の取り扱いや発言時間制限、あるいは表決順序などの議長の権限に基づく決定に対する異議、さらに議長の表決結果の認定に対する異議を認めています。これらはいずれも、動議として提出することも本来は可能なのですが、いずれも議長の決定に対する反対の意思表示ですから、単なる動議よりも、その要件を重くしようという考え方があります。それにより、動議ではなく異議の申し出として取り扱うこととし、賛成者の人数を動議提出に要する賛成者の人数よりも、多く設定することを想定しています。したがって、この規定を置いている議会においては、これらのものは動議として提出することはできないことになります。

また、要求という形式の提案としては、記名または無記名の投票による表決の要求制度があります。これも、提出要件を動議提出の要件よりハードルを高くする意図でできている制度です（所定数の要求があれば、それは表決によって決めるのではなく、その要求が確定する＝要求のとおりにしなければならない制度としてできています）。

標準会議規則が規定する異議及び要求はつぎのとおりです。

◎先決動議の競合と採決順序に対する異議（県会規18、市会規18、町村会規19）
◎一括議題の取り扱いに対する異議（県会規36、市会規35、町村会規37）
◎発言時間の制限に対する異議（県会規55②、市会規57②、町村会規56②）
◎起立表決における議長宣告に対する異議（県会規80②、市会規70②、町村会規81②）
◎簡易表決における議長宣告に対する異議（県会規86、市会規76、町村会規87）

◎修正案の表決順序に対する異議（県会規87②、市会規77②、町村会規88②）
◎投票表決の要求（県会規81、市会規71、町村会規82）

地方自治法及び標準会議規則上の動議

地方自治法及び会議規則において動議として提出することが規定されているものがあります。

まず、地方自治法は第115条の3の修正の動議、それから第135条第2項の懲罰の動議の二つを規定しています。また標準会議規則は、会議時間の繰り上げ、延長の動議（県会規9、市会規9②、町村会規9）、日程の順序変更及び追加の動議（県会規21、市会規21、町村会規22）、延会の動議（県会規24②、市会規24②、町村会規25②）、質疑または討論終結の動議（県会規58②③、市会規60②、町村会規59②）を規定しています。

また、地方自治法や会議規則には「議会は、何々することができる。」「議会の議決で何々できる。」という規定がありますが、議会がそれらの権限を行使するためには議会としての機関意思を議決によって決定しなければなりません。その発議は議長発議で行うこともありますが、議員の動議としても提出できます。

動議の特質

動議の特質としては次の4点が挙げられます。

①「議場内で口頭で提出することができる。」

あらかじめ、議場外で文書提出が要求されないということです。それは、多くの動議が、議会の審議過程の各段階で議題となりうる適切な時期に提出することが求められるからです（例外はあります）。

②「案を必要としない。」

多くの動議が、議事進行的な動議であることから、動議の内容そのものがいわば案なのです。簡明であり、そして口頭によることから来る特質です（例外はあります）。

③「修正することができない。」

動議が口頭により案を要せず提出できることから来る特質です。動議の内容が「何々することを求める。」というものであれば、そうするのかしないのかのどちらかですから、修正という概念が存在しないのです。

しかし、修正動議は案を備えることが会議規則上要求されていますので、存在する案の修正はできてもよいではないかともいえます。しかし、あくまでも動議ですから、修正案の修正はできないことになっています。改めて本案に対する別の修正動議を提出することが必要になります。

④「議題に付したら、即決される。」

もちろん内容によっては質疑が必要とされるものもあり、必ずしも即決しなければならないものばかりではありません。動議の内容によって個別に判断してよいのですが、基本的には即決するのが動議の特質であるといえます。

したがって、委員会付託や継続審査に付すことはできません。これは修正の動議も同様で、委員会付託をせず本会議において審議決定する。また本案（議案）が継続審査になっても修正動議は継続審査に付することはできず、後会において改めて動議を提出することになります。

例外として、懲罰動議は議員の身分にも関わることから、政策的に標準会議規則では委員会付託を省略して議決できないこととしており、また、規定はありませんが、継続審査に付すこともできると解されています。

修正動議も含めて、他の一切の動議が後会に継続しないのになぜ、懲罰動議だけが後会に継続し得ることとするのでしょうか。

その理由として説明されているのは、一つには、会期末の懲罰事犯への対応です。懲罰の性質上、慎重な審議が要求されますが、会期末の事犯に対しては事実上十分な審査日程がなく継続審査もできないとなると、いい加減な審査になるか、あるいは会期切れと同時に結論が出ないことになります。懲罰を科せないということは、議会の秩序保持の観点から好ましくありません。そこで懲罰に関しては継続審査を認める必要がある、というものです。

一方、懲罰は当該会期中の秩序保持を目的とするものであり、また、懲罰対象議員の地位を長期にわたり不確定な状態に置くべきではないという考えから、3日以内の短期消滅時効が規定されています。したがって、閉会中の継続審査事件を審査・調査している委員会の懲罰事犯には対処できません。このことから考えれば継続審査を許すのはおかしい、という考え方もできます。

どちらにも理がありますが、少なくとも、懲罰の発議を動議として位置付ける以上、政策的な観点から後会不継続という大原則の適用除外を認めるためには、明確な根拠規定を要するでしょう。

継続審査制度の法的根拠は、地方議会の場合は地方自治法第109条第8項に「委員会は、議会の議決により付議された特定の事件については、閉会中も、なお、これを審査することができる。」とする規定に求めることができますが、動議は当該会期中に議決すべきものであるという原則がある以上、当然には、本規定の「特定の事件」に「懲罰動議」が含まれると解することはできません。

この点について、国会の場合は、国会法第47条に「常任委員会及び特別委員会は、各議院で特に付託された案件（懲罰事犯の件を含む。）については、閉会中もなお、これを審査することができる。」としており、懲罰動議も継続審査に付すことが出来ることを明確に規定しています。

動議の分類

何を基準とするかによっていろいろな動議の分類がありあり、この分類にさほどの意味はないのですが、動議の取り扱い、特に議事手続きを判断する上での一つの基準として若干の有用性があると思われます。

①独立動議――他の議案や事件とは関係なく、単独で議題となりうる動議です。懲罰動議や決議的動議などがあります。

決議的動議というのは、案文を添えずに、口頭で提出される決議のことを言います。例えば、議長不信任動議といったものがあります。これは、不信任決議案として提出している例が多いと思いますが、動議としても可能なのです。

独立動議は、現に議題となる事件と関係ないことから、あらかじめ提出されていれば、日程に掲載しなければならないし、議場において提出された場合には、これを日程に追加して議題とするかどうかを諮る必要があるものです。

さらに、独立動議は、一般的にそれなりの内容があることから、案文をもって提出されます。したがってその審議に当たっては即決ではなく、議案の審議に準じて、提案説明、質疑、討論といった手続きをとるほうがよい場合が多いのです。特に懲罰動議は、標準会議規則では文書提出、委員会付託が義務付けられており、審議手続きも議案と同様に提案説明、質疑、委員会付託、委員長報告、討論という一連の審議手続きが必要とされています。

②付随的動議――議題の審議過程において主に、審議手続き・審議方式についての提案として出されるもので

あり、議題に付随した動議です。広い意味では議事進行的な意味合いも含む動議といってよいでしょう。修正動議、委員会付託省略の動議、質疑、討論の終結の動議などが例です。

この動議の処理は、現在議題としている事件の審議に直接かかわるもので、あくまでも現在の議事日程の中の話ですから、改めて日程に追加する必要がなく、また、この動議に決着をつけなければ、原則として、審議が次の段階に進めない性格のものです。そして基本的には、動議の内容自体が簡明であるため、質疑、討論の余地がないものが多いので、原則として、いわゆる議案一般の手続きをとることなく、即決処理されると考えられているものです。

ただ、修正動議だけは別です。修正動議とは、自治法上動議として位置付けられていますが、提出手続きは議案の提出と同じ手続きを求められています。つまり修正すべきとする内容を案として提出することが求められています。したがってその審議は、内容的には、議案審議と変わることはありません。提案説明、質疑、討論といった手続きを踏むことが議案との均衡上求められますし、内容を十分審議する必要性からも、そのような手続きを行う必要があります。

③代替動議——代替動議は、議題に付属するものではなく、形式的には独立しているものです。現在の会議の進行に変更を加えることを求める動議であることから、独立動議とはまた違うものとして扱われています。議事進行的動議といわれているものです。会議時間の繰り上げ、延長の動議、日程の順序変更及び追加の動議、休憩、散会の動議、延会の動議、会期延長の動議などがあります。

動議の提出時期と場所

付随的動議は現在審議、審査している議題の取り扱いや審議の手法に関する提案であり、代替動議は現在の議事の流れを変える提案です。そうした動議はその場その場で、必要になった時期に提出される必要があり、あらかじめ議場外で提出しておくことはできません。たとえ提出されても受理されません。

一方、文書での提出が会議規則上規定されている動議は議場でいきなり口頭にて提出はできませんが、標準会議規則は、文書提出は要求しているものの、あらかじめ提出することは求めていません。したがって、所定の賛成者が連署した文書を議場において議長に提出すれば動議として成立します。

しかしながら、修正動議は案を備えることとなっており、審議に当たっては内容である修正の案を議場に配布する必要があります。しかし議場で突然提出されても、修正案の印刷配布ができないので、直ちに議題とすることはできません。暫時休憩するか、議事の延期をすることになり、円滑な議会運営を阻害するので、あらかじめ提出すべきです。

第15章 請願・陳情

Q 「請願」って何？「陳情」とはどう違うの？

A 地方議会に対する「請願」も「陳情」も、いずれも当該地方公共団体または議会に、住民が希望意見等を述べる行為です。

その違いは、請願が憲法を基本規定として、地方自治法および会議規則にその提出または審査手続きが規定されているのに対し、陳情はそれらの根拠規定がないことです。

「請願」とは何か

「請願」とは国民が、国または地方公共団体に対し、その事務に関し希望や意見を述べる行為であり、国民の権利です。

基本規定として、日本国憲法第16条に「何人《なんびと》も、損害の救済、公務員の罷免《ひめん》、法律、命令又は規則の制定、廃止又は改正その他の事項に関し、平穏に請願する権利を有し、何人も、かかる請願をしたためにいかなる差別待遇も受けない。」とされており、それを受けて一般法として請願法があります。国会に対する請願については国会法に、地方議会に対する請願について「地方自治法」が別に定めをもっていて、これが「特別法」として議会に対する請願制度の根拠規定になっています。

議会に対する請願書は、議員の紹介により提出しなければなりません。したがって、提出に関する具体的な手続きは、議員ないし議員秘書が行うこともあります。

請願制度は、憲法に「損害の救済、公務員の罷免……」とあるように本来は国民に政治的自由がない時代の「救済制度」として発達したもので、本来的意義はそこにあるといわれています。司法あるいは行政の分野における救済制度が個別法において確立している現代においては、もはや損害の救済や利益の回復の実現という役割はなくなっており、その必要性や価値は低下しているという意見もあります。

そうなると、現代における請願制度の果たす役割は何なのかということになるわけですが、憲法に、「法律、命令又は規則の制定廃止又は改正その他の事項……」ともあるように、法令の制定や改正または廃止を訴える手段あるいは、提言する手段の一つとして、これを制度的に保障するという意味に変わってきています。実際、地方議会に対する請願は、条例の制定も含めて、政策の策定に関し、希望や意見を述べるものがほとんどだと思います。

もっとも、議会制民主主義が確立し、議会活動や議員活動の活性化により議会側からの住民意思の吸収が十分図られれば、そういう役割もなくなってくる可能性はあるのではないかと思います。しかし、残念ながら議会活動、議員活動の実態はいまだその段階に至っておらず、議会審議への住民参加という要請がある中で、請願制度の役割はまだ十分あるのではないかと思います。

議会に対する請願制度の意義を高からしめるためには議会の請願審査の充実、さらには請願を活用した議会の政策提案機能の発揮を考えていく必要があるでしょう。単に採択して執行部に送って終わりでは、議会を通じた住民意思の実現という請願制度の主旨が活かされません。審査の充実と、採択後の議会の実現努力といったところが今後の課題だと思われます。

「陳情」とは何か

「陳情」とは住民が希望や意見を述べることで、一般的には陳情書、要望書といった名称で議長に対して提出されます。その内容は請願と異なるものではありません。

請願が地方自治法にその根拠規定があり、提出方法が地方自治法および議会の会議規則に規定され、その要件を具備したものであるのに対し、法的根拠や提出要件の定めがないものが陳情といわれています。

従前、地方自治法第１０９条の常任委員会に関する規定には「議案、陳情等を審査する。」とありましたが、平成24年（２０１２）の改正により、「陳情等」が「請願等」となり、現在、地方自治法に「陳情」の用語はありません。

一方、標準会議規則には「陳情」があり、その取り扱いに関して、「陳情書またはこれに類するもので、議長が必要があると認めるもの（県会規93、町村会規95）

又は請願に適合するもの（市会規145）は請願書の例により処理する」とされており、議長が認めた陳情は請願と同様の取り扱いをすることとされています。

Q 「請願紹介」の取り消しはできるの？紹介取り消しによって紹介議員がいなくなったら請願はどうなるの？

A 請願の紹介取り消しはできます。紹介議員が一人もいなくなっても、当該請願の効力に影響はありません。

紹介の取り消し

請願紹介議員が紹介を取り消すことは一般的にはないことですが、紹介議員は当該請願の趣旨に賛意を示す者でなければならない（昭24〔1949〕・9・5行実）とされていることもあり、紹介後の事情変更等により取り消さなければならないこともあり得ます。その場合は文書により議長に申し出、会議の議題となる前は議長の、議題となった後は議会の許可によることとされています（県会規88の2、町村会規90）。

また、すでに受理されている請願の紹介議員になりたいという要請、すなわち紹介議員追加の申し出が議員活動等の諸事情からなされることもあるようですが、その取扱いについて標準会議規則は特段規定していません。

追加の手続きを特に規定していないのは、議員の紹介を得て提出され受理された以上、新たな紹介議員の存在は請願の審査において何の意味もなく、そのための手続き規定を設ける意味がないからです。しかし、これを特段禁止する規定もありませんので、請願自体の審議にはなんら影響するものではありませんが、そのような申し出があった場合は、紹介取り消しと同様の取り扱いで許可すればよいのではないかと考えられています。

紹介議員の存在と請願の存続

請願受理後、審査結果が出る前に紹介議員がいなくなった場合、当該請願はどうなるのかという問題があります。行政実例は「審議中に紹介議員（1名）が死亡した場合、その請願を引き続き審査してもさしつかえない。」（昭39〔1964〕・7・24行実）とする一方、「議会閉会中に所定の要件を備えた請願が提出され、議長が受理したが、議会に付議する前に紹介議員が紹介を取り消し、死亡し、又は辞職する等によって紹介議員がすべてなくなった場合は、新たな紹介議員を付すこととすべきである。」（昭49〔1974〕・4・2行実）としています。

このことから、議会に付議され審議途中で死亡により紹介議員がいなくなった場合、当該請願の存続に影響はしないが、議会に付議する前に取り消し、死亡、辞職等により紹介議員が1人もいなくなった場合、請願は存続しないと考えるべきである、と解されます。

つまり、議会に付議された以上紹介議員の存在は請願の存続要件ではない、とするものと思われます。紹介を取り消した場合にも当該請願が有効に存続するとするのは、紹介議員は請願に賛意を表すものとする請願紹介制度の主旨に反するのではないでしょうか。

紹介取り消しは、何らかの事由により、紹介議員が当該請願に賛意を表することができなくなった場合に行われることから、辞職や死亡とは事情が異なり、有効と解するのは妥当ではないと考えられます。

Q 議長は請願を受理しないことはできるの？

A 議長は議員の紹介があり、所定の提出要件を備えた請願を受理しないことはできません。

地方議会に対する請願の提出は、地方自治法第124条に定める議員の紹介を得ることと会議規則に定める提出要件さえ具備していれば、その内容については制約がないとされています。

したがって、①すでに議会に提出ずみの請願の不採択を求める請願、②議会の権威の失墜を求める請願、③住民同士の私的争いに関する請願、④当該団体の権限外の事項に関する請願等、当該議会において審査することが不適切あるいは不可能な事項を内容とする請願などがありますが、請願の受理に当たっては、あくまでも、形式要件が整っているか否かを審査することしかできません。

内容の請願適合性を判断することは、請願自体の審査になってしまいますので、議長は提出要件が具備されている限り受理しないことはできません。受理後、議会において審査を行い、その段階で判断し、不採択ないし審議未了とするしかないとされています（昭25〔1950〕・12・27、昭26〔1951〕・10・8行実）。

また司法権の独立を侵害する内容の請願は許されないといわれていますが、どのようなものが司法権の侵害に当たるかどうかは判断が難しいと思います。個々の請願内容がそれに該当するかどうかは事例により異なるので、個々に判断するしかないのです。

しかし、この場合も請願を受理する段階で適合性を判断することは、請願自体の審査になってしまうわけですから、受理後、議会において審査を行います。その段階で判断し、司法権の侵害に当たると判断されれば、不採択とするしかないのです。

本来こうした内容の請願の提出を防止するために議員の紹介を要することとしているのですから、そこに紹介議員の常識が作用すべきなのです。

議員は請願や陳情を受けたときには、支持者からの依頼というだけで安易に請願を紹介すべきではありません。

請願紹介に当たっては、①当該団体の執行機関及び議会の権限で措置できる事項かどうか、②願意に賛成できるか、所属会派の政策方針に合致するかどうか、さらには、③当該団体全体の利益実現を追求するための合議機関である議会の審議にふさわしい内容かどうか——等を確認する必要があります。

Q 請願の一部採択ってどういうこと？

A 請願審査結果は本来「採択」か「不採択」ですが、1件の請願に複数の請願事項がある場合に、その一部を採択とし、残余を「不採択」または「審査未了」とする便宜的な取り扱いです。

請願の審査結果は、原則として「採択」か「不採択」のいずれかです（県会規92、市会規143、町村会規94）。

採択とは、請願事項を適当と認めて願意の実現を図る意思を持って当該請願を可とする決定であり、不採択とはその逆で、採択を諮《はか》った結果、賛成者が過半数に至らない場合に生じる結果です。

請願は本来、議案一体の原則が適用になります。

また、請願は住民の要望や意見ですから、議会はその趣旨を可とするか否とするかのいずれかであり、請願内容を変えることはできません。つまり、議案のように議会の修正権は及ばないのです。

したがって、議会は1件の請願を一体としてその全体を採択とするか不採択とするか、いずれかの決定しかできないのが原則です。

つまり1件の請願に複数の請願事項がある場合、その一部事項を採択とすることは、1件の請願を複数に分割する修正、あるいは不採択とした請願事項を削除する修正を行ったとも考えられます。

しかし、住民の意見や希望をなるべく取り上げることが請願制度の趣旨にかなうという考え方から、一部分でも妥当と認められる事項があればその部分だけを採択とする運営、取り扱いをしている議会もあります。

1件に複数の請願事項が記載される場合、一般的には一つひとつが独立しておらず相互に関連し、一体となって請願を形成しており、一部分だけ採択すると請願者の意思を損なうおそれがあります。一方、逆に一部分でも採択すれば請願者の意思にそう場合もあります。

したがって、一部採択の運用を行う場合は請願者の意思に反しないか否かを審査段階で十分確認して対応すべきです。

この場合、複数の請願事項の項目ごとに採択、不採択を決する方法を採用する議会もあれば、採択部分だけを諮り、残余についてはそのままという議会もあります。後者の方式だと残余は審査未了となり、請願者に対し無責任ではないかという考えもあります。一部採択を行う場合は、一項目ごとに採決をし、否決された項目は不採択という運用をすべきであると思います。

Q 請願を採択した場合、議会はどうするの？請願事項の実現に当たっての努力義務はあるの？

A

議会が請願を採択したときは、必要により首長等に当該請願を送付します。

また、意見書の議決など議会の行為を求める請願については、議決する等、議会として対応することになります。

議会は受理した請願について審議の上、採択・不採択を決します。しかしそれで議会の役割は終わったわけではありません。

とりわけ採択と決した請願については、願意実現に向けて議会の権限の及ぶ限り最大限の実現努力を行う義務があります。

地方自治法は請願採択にかかる議会の義務についてなんら規定していません。したがって、法的な義務ではありません。

採択した請願の処理については、地方自治法は当該普通地方公共団体の首長等において措置することが適当と認めるものは、これらの者にこれを送付し、かつ、その請願の処理の経過および結果の報告を要求することができると規定しています（地自法125）。

したがって、請願の大半が執行機関が措置すべきものであることから、議会としては必要に応じ執行機関に当該請願を送付することになります。議会が措置すべき内容の請願、例えば議会における意見書の議決を要請するもの等は、請願趣旨に沿った意見書等を議決をすべき道義的な義務があります。

しかし、議会が住民代表機関として十分機能するためには、従来のように首長等に送付することだけで役割を終えてはいけないでしょう。住民代表機関として自らが請願事項の実現について議会の諸機能を駆使してその実現に向けた努力を行うべき時代に来ているのではないでしょうか。

例えば、個々の議員が一般質問において取り上げることはもちろん、所管委員会において採択した請願事項の実態や実現可能性について所管事務調査の対象として取り上げて継続的に広範かつ詳細な調査を行うべきです。また議論した上で議会からの政策提案に結び付けていく必要があるのではないかと考えます。

第16章　除斥

Q 除斥《じょせき》ってなに？どういう場合に該当するの

A 議員が利害関係を有する一定の事件について、当該事件の議事に参与できない制度です。
議員自身と一定の関係にある者の一身上、または従事する業務に利害関係のある事件を議題とするときに適用されます。

除斥とは

除斥とは一般的には一定の職にある者について、自己もしくはその一定範囲の親族の一身上の事件および直接の利害関係のある事件についての職務行為への参加を認めない制度です。

審理・審議の公正確保の観点から設けられている制度であり、地方議会以外にも、裁判官の職務執行における除斥、教育委員会の会議における委員の除斥制度などがあります。

地方議会における除斥制度は、地方自治法第117条に「普通地方公共団体の議会の議長及び議員は、自己若《も》しくは父母、祖父母、配偶者、子、孫若しくは兄弟姉妹の一身上に関する事件又は自己若しくはこれらの者の従事する業務に直接の利害関係のある事件については、その議事に参与することができない。ただし、議会の同意があつたときは、会議に出席し、発言することができる。」と規定されています。

つまり、地方自治法における除斥とは議長および議員は、本人および父母、祖父母、配偶者、子、孫、兄弟姉妹の、

①一身上の事件

②従事する業務に直接の利害関係のある事件

に関する議事には参加できないということです。

本条は本会議に関する規定であり、議会の委員会等には及ばないことから、標準会議規則は地方自治法の制度趣旨にかんがみ、委員会条例において同様の規定を設けています（県委条例15、市委条例18、町村委条例16）。

除斥の人的範囲

除斥対象となる人的範囲は、本人及び配偶者並びに本人の二親等以内の血族です。姻族（婚姻によって発生する配偶者の血族）は含みません。他の除斥制度に比較するとその範囲は狭いといわれています。

除斥の事項的範囲

○一身上に関する事件とは

人的範囲に該当する者にとって直接的かつ具体的に密接不可分な利害関係を有する事件を、一身上に関する事件と言います。

一身上に関する事件には、地方自治法等に基づく法律上の事件に限らず、議長不信任決議や議員の辞職勧告決議あるいは問責決議等の事実上の議決事件も含まれます。

地方自治法上の主な事件としては、主要公務員の解職請求にかかる同意（地自法87）、条例で定める契約の締結及び財産の取得又は処分（地自法96）、議長及び副議長の辞職許可（地自法108）、投票の効力に関する異議の決定（地自法118）、議員の辞職許可（地自法126）、議員の資格決定（地自法127）、議員の懲罰（地自法134）、副知事、副市町村長の選任同意（地自法162）、監査委員の選任同意（地自法196）、公有財産の交換、譲渡等（地自法237）、条例で定める重要な公の施設の長期かつ独占的な利用にかかる議決（地自法244の2第2項）等の議事が考えられます。

○従事する業務に直接の利害関係がある事件

従事する業務とは、一般的には職業を意味すると考えられますが、ここでは職業以外にも社会的生活上の地位に基づき、継続的に行う事務や事業も含まれるとされています。

例えば、農業協同組合・漁業協同組合の会長等、PTAの会長等、○○協議会、○○推進連盟等の会長等も含まれると解されています。

直接の利害関係とは、利害が間接的なもの、または反射的なものは該当しないと解されています。

除斥に関する事例

除斥該当の判断は直接の利害関係があるかないかの判定が難しい場合があり、個々の事例によって慎重な対応が要求されます。

以下、事例をいくつか紹介します。

○該当しないとされた事例

・直接の利害がある場合であっても当該事件が特定の議員の利害にかかわるものではなく、一般的、普遍的な事件は除斥事由に該当しない＝議員報酬・費用弁償条例等議員全員に関する条例等（昭53〔1978〕・7・26行実）。

・予算案＝予算は、一体として不可分のもので分割して議決することはできない。直接の利害関係がある部分がある場合においても除斥されない（昭31〔1956〕・9・28行実）。また、直接の利害関係を有する部分についての修正案が提出された場合において、当該修正案の審議においても除斥されない（昭39〔1964〕・1・7行実）。

・請願紹介議員は単に紹介したことをもって除斥対象とはならない（昭26〔1951〕・3・1行実）。

○該当するとされた事例

・正副議長の辞職許可の議事において、辞表を提出した正副議長は除斥すべきである（昭23〔1948〕・6・24行実）。

・議長不信任案の場合議長は一身上の事件として議事に参与することはできない（昭25〔1950〕・3・22行実）。

・議員が代表者である株式会社の行為が陳情事項である場合において、同陳情の審議に際して同議員は除斥される（昭31・10・31行実）。

・PTAに対する補助金交付の請願書が提出された場合にPTAの会長の職にある議員は除斥される（昭38〔1963〕・12・25行実）。

・市が開発公社から土地を買収する場合、当該土地取得にかかる議案の審議に際して、公社の理事、監事の職にある議員は除斥される（昭45〔1970〕・11・20行実）。

Q 除斥対象となるかどうかは誰が判定するの？ その判定に対象議員が異議あるときは？

A 除斥該当の認定権は、一次的には議長にあります。

除斥の認定権

除斥に該当するかどうかを認定する権限は第一次的には議長にあります。

事務局の調査等に基づき除斥に該当すると判断された場合は、会議において議長が除斥宣告を行うことになります。しかしながら、本人のみならず、二親等以内の血族やそれらの者が従事する業務と直接の利害関係の有無となると、事実関係の調査や該当するか否かの判断が困難なケースも少なくないと思います。もちろん当該議員の申し出によることもあるでしょう。

議長において判断することが難しい場合には会議に諮《はか》って決定することも可能です。この場合には、議長発議によるほか、当該議員以外の議員から除斥すべきであるとする動議による場合もあります。

議長の宣告、議会の決定についての異議

議長の除斥宣告あるいは議会の除斥該当の決定に対して被除斥議員がその決定に対して異議を申し立てることは、現行の標準会議規則等に規定がありませんのでできません。除斥宣告を受けた議員は宣告に従って、退席しなくてはなりません。退席を拒否し続けると懲罰動議の対象となることもあります。

Q　いつから除斥されるの？その手続きは？

A

除斥の時期は該当する事件が議題とされたときからです。

この場合、議長または委員長は除斥に該当する旨を述べ、当該議員の退席を求める宣告をする必要があります。

除斥の時期と宣告

除斥とは議事に参与することを禁止することです。

議事とは議会意思の決定とこれに至る一連の審議過程のすべてを言います。議会の意思決定には、議決、同意、許可、承認、認定、決定、採択等の法規に基づくもの以外の議会の事実上の意思決定行為も対象になります。

したがってこれらの事件が議題になったときから、該当議員は除斥されます（昭33〔1958〕・3・3行実）。除斥の期間は当該事件の審議が継続している間です。

この場合、議案の提案趣旨説明だけを行う場合においても当然除斥になります。長の提出議案を一括議題として提案趣旨説明、質疑、討論、採決を行う例としている議会においては、除斥該当議案がある場合は、当該議員の他の議案に対する審議権を侵害することのないよう、当該議案だけを分離し、別日程として審議する必要があります。

議長または委員長は除斥該当事件を議題とした後に引き続き、除斥宣告を行い、該当議員の退席を求める必要があります。

議会によっては議長または委員長の除斥宣告を行わず、議員が自主的に退席する取り扱いをしている例がありますが、会議録には当日の出席議員名が記されますから、自主的に退席しても、記録上は出席していたものと推定されるおそれがあります。会議録上退席した事実を明確にしておく必要がありますから。議長または委員長の除斥宣告によるべきです。

除斥該当議員が退席しないときは、会議を休憩して説得するしかありません。

Q 除斥議員が会議等において、発言できる機会はある？ 傍聴もできないの？

A

議会または委員会の許可により出席し、弁明のための発言をすることはできます。

除斥された議員が当該会議を傍聴することは法規上禁止されていませんが、控えるべきです。

除斥該当議員は、議事に参与できませんが、「議会の同意があったときは、会議に出席し、発言することができる。」（地自法117）と規定されています。

「出席し、発言……」とされていることから、発言を伴わない出席は認められません（昭34〔1959〕・12・2行実）。また、発言内容を文書により提出することや、他の議員に発言を代理してもらうといったこともできません。

ただし、県及び町村の標準会議規則（県118、町村112）では、「議員は、自己に関する懲罰動議及び懲罰事犯の会議及び委員会で一身上の弁明をする場合において、議会又は委員会の同意を得たときは、他の議員をして代わって弁明させることができる。」と規定しており、懲罰に関する審議、審査においては他の議員による代理弁明を認めています。

本条における代理弁明とは、懲罰事犯者のために他の議員が申し開きあるいは弁護をすることであり、審議・審査の参考に資することを目的とするものです。

代理弁明の申し出は、懲罰事犯者によるものであって、他の議員が代わって申し出ることはできないと解されていますが、代理弁明の発言内容は当該発言議員の認識等に基づくものであり、懲罰事犯者本人の弁明書を代読するようなことを想定したものではないと考えます。

出席発言の機会を認めているのは、懲罰事犯などの審議において一身上の弁明の機会を与える必要がある場合等を想定したものと考えられます。

なお、議員の資格決定（地自法127）にかかる議事も除斥対象事件であることは前記のとおりですが、この際の弁明のための発言は、127条の規定にあるとおり、117条の規定による議会の許可を要することなく、会議に出席して弁明の発言をすることができることとされています。

除斥該当議員が、当該事件の審議・審査が行われる本会議または委員会を傍聴することについては、これを禁止する規定はありませんので、法的には可能といわざるを得ません。しかし、除斥制度の趣旨を理解し、他の議員の自由な発言と公正な審議を阻害するおそれがある傍聴は控えるべきであり、議員の品位の問題であると思います。

Q　除斥すべき議員が出席して議決した場合のその効果は？

A　当然に無効とはいえませんが、違法な議決ですから再度、議決する必要があります。

除斥されるべき議長、議員が参与して行った議決の効力については、明確な定説がありません。

①当然に無効であり、当該議員の出席が議決結果に影響しなかったと考えられる場合も同じであるとする無効説。

②当然には無効ではなく、欠格者の出席が議決結果に影響を及ぼさないと認められる場合は有効であるとする説。
③当然には無効とはならないが、違法な議決であるから地方自治法第176条第4項の規定により再議に付すべきである（昭25・10・3行実）とする説。

諸説ありますが、現在のところ③の行政実例の説により、再度議決する必要があります。

反対に除斥の対象とならない議員を除斥して行った場合は、当該議員の審議権を不当に侵害する行為であり、その効果は除斥すべき議員を除斥しなかった場合と同様に、当然無効ではないが違法であることは免れません。長は再議に付すべきであるということになると考えます。

第17章 修　正

Q 議会（議員）は何でも修正できるの？ 修正案提出の要件は？

A
議員が修正案を提出できる対象は「議案」に限ります。
修正案の提出は、「団体意思」決定議案については議員定数の12分の1以上の発議者が必要です。「機関意思」決定議案については会議規則に定める賛成者（町村は「発議者」）が必要です。
どちらも「案」を備えて提出しなければなりません。

議員は会議に付された「議案」に対して修正案を提出することができます。修正案の提出を「修正の動議」と言います。

地方自治法第115条の3は「議会が議案に対する修正の動議を議題とするに当たっては、議員定数の十二分の一以上の発議によらなければならない。」と規定しています。

同条は修正案を議題とすることができる人数要件を規定したものですが、「議案に対する修正の動議」と言っていることから、「修正案の提出を動議として位置づける」と同時に、「修正の動議は議案に対して提出することができる」旨を規定していることになります。

さらに、標準会議規則は修正の動議はその案をそなえ議長に提出しなければならないと規定しています（県、市会規17、町村会規17②）。

以上のことから、「修正」は案を備えることが要求される動議の一つであるということになります。

一般的には、動議と言うのは、会議体の意思決定を求めて行う提議（発議）で、案を必要とせず議場内で口頭により提出することができ、議題に付したら、即決されるというものです。つまり、動議は、可決か否決のいずれかであり、修正はできません。

修正動議や懲罰動議のように動議の内容を案として提出しても、それに対する修正動議は提出できません。

ただし、動議として提出する内容が、議案の形式をとって「決議案」として提出された場合は、「議案」として取り扱うこととし、「修正動議」が提出できると考えられています。

また、「請願」も議案ではありませんので修正することはできません（本書、「請願・陳情」の項「一部採択」を参照）。

修正動議の提出要件は、「団体意思」決定議案（条例の制定・改廃や予算の議決など、地方自治体全体の意思の決定を求める議案）は地方自治法１１５条の3のとおり議員定数の12分の1以上の発議者を要します。

これに対し「機関意思」決定議案（地方自治体の中にある議会という「機関」の意思の決定を求める議案）の場合は、標準会議規則（第17条）によると、県及び市議会は議案と同様に提出者のほか、○人以上の賛成者を要することとしており、所定数全員が提出者である必要はありません（町村の会議規則は団体意思決定議案と同様、所定数全員が発議者）。

Q 「修正動議」の内容に範囲や限界はあるの？

A 「修正動議」の内容には、修正する議案の性格や修正の本質から、一定の制約があります。

「修正」は議案に対して提出できるものですが、どのような議案に対しても、いかなる内容の修正でも可能かというと、そうではありません。

「議案の性格による制約」と、「修正の本質からくる制約」がある、と考えられます。

○議案の性格による制約

議案は基本的には、長と議員双方に提出権があります。長提出議案についてはその性格から、議会の修正権が及ばないもの、あるいは修正の範囲が限定されるものがあります。

長の提出する議案は、地方自治法96条に規定されている議案（第1項の第1号「条例の制定や改廃」、第2号「予算」、第3号「決算」など、第15号まで）が主なものですが、これらのうち、長の執行の前提として議決を要する議案、あるいは議会の議決、同意を得て長が定めるとされる議案（例えば契約、財産の取得、処分、交換・譲渡、損害賠償等）は議会の修正は及ばない、とされています。

また、長に提案権が専属する議案について、議会に提案権がないから修正権もない、とはされていません。

例えば、予算案については提案権が長に専属するとされていますが、修正権は議会にもあります。減額修正はもちろん、増額修正も地方自治法第97条2項にあるとおり、長の予算提出権を侵さない範囲内で修正権が及ぶ、と解されています。

また、「長の内部組織の設置条例」や「支庁、支所の設置条例」も提案権は長に専属するけれども、長の提案権を侵さない範囲で修正権はある、と解されています。

「提案権を侵害しない範囲」とは具体的にどういうことかは、一概に言えません。議案の趣旨、目的から考えて、「長の意図する大枠に反しない限り可能である」と解するしかなく、個々の事例により判断するしかない、ということになります。

○修正の性格による制約

「修正」というのは、本来は原案の趣旨を認めたうえで、より良いものとするために一部を手直しして、残りの原案を可とする、というものです。それが修正の本質になると思います。

そのような点から考えると、修正の内容には一定の限界がある、と理論的には言えると思います。

ただし、それらは理論的、概念的なもので明確な限界線が存在するわけではなく、考え方も異なります。現実には各議会においてケースバイケースで判断されるものですが、以下、いくつかの問題例を紹介します。

①原案と方向が反対の修正

原案と「まったく逆」の修正を加える修正動議の提出は可能か、という問題です。

例えば、手数料や使用料の引き上げの一部改正条例が長から提出された場合に、「引き上げ幅を縮小する減額修正」はもちろん可能と考えられます。ただそれに対し、「現行条例の額をさらに引き下げる修正動議」を提出することができるのか、もしくはそれが「修正という手法」として妥当なのかどうか、という問題です。

原案提出者の長の意思、あるいは改正条例の趣旨、目的は引き上げにあるにもかかわらず、逆に現状よりも引き下げるという修正をすることは、長の意思、あるいは条例の趣旨目的に真っ向から反するものです。「修正の本質」から考えるともはや修正の概念、領域を超えていると解するのが一般的な考えではないかと思います。

もちろん、修正に限界はなく、いかなる内容であっても修正を発議できるという考え方もあります。しかし、そもそも長の提案の趣旨、意思、条例の目的に正反対の内容を提案するのであれば、修正という手法の中で行うべきものではなく、そのような場合はむしろ、「対案として議員提案をする」方途によるべきである、とする考え方もできます。

②原案にない事項の修正

一部改正条例などの場合、原案にない事項（条項）の修正を加えることはどうなのか、という問題もあると思います。

例えば、改正原案が、現行条例の5条から10条までの改正であった場合に、まったく関係のない15条を改正する修正が「修正という手法」で行えるのでしょうか、またそれは妥当なのでしょうか。

あるいは、現行条例ではまったく規定していなかった事項（条項）を加える改正が、修正という手法で行えるのかどうか、それは妥当なのかどうか、という問題もあります。

これは「議員に提案権がある条例」と「議員に提案権がない条例」の一部改正であるかどうかによって、考え方が変わってくると思います。

まず、「議員に提案権がある」場合ですが、これは一般的には可能であると考えていいのではないかと思います。事項の追加・削除は、修正の範囲内であるから可能であるはずです。

ただ、そこに何の制約もないのかというと、そうではありません。やはり、理論的に修正とは、改正原案の趣旨、目的の範囲内で行うべきです。趣旨に反し、目的を逸脱する修正は「修正という手法」で行うべきではありません。その必要があるならば、新たな提案として条例改正案を議員発議すべきであると思います。

つまり、修正とは、改正原案の趣旨、目的の中での議論であるべきであり、趣旨、目的を肯定した上で、それをより良い物とするために加えるものです。改正原案の趣旨や目的に無い修正を加えるのは修正では無く、新たな発案なのです。したがって、そういうものは別途改正条例を議員提案すべきという考えもあるのです。

考え方の違いですから、原案に無い事項を改正する修正はすべて違法であるとは言い切ることはできません。したがって、こういう修正動議があっても、これを議長として拒否はできないと思います。

これに対して、「長に提案権が専属する条例」の一部改正条例の場合はどうでしょうか。

「議員に提案権がない条例」であっても、議会修正はできると解されていますが、それはまさに長の提案の趣旨を逸脱しない、それを否定しない範囲内で修正できるということです。

そうなると、現行条例に無い条項を加える修正や、改正原案に無い条項の修正は、それはもう、新たな提案と同じことになります。

ですから、それを認めると、議員に提案権が無いにもかかわらず、修正の名のもとに提案できることになってしまい、実質的に提案権を議員に認める結果になります。

要すれば、議会は「議員に提案権がない条例」に関して抜本的な修正はできないのだと、解せざるを得ないと考えます。

③原案を分割する修正

次に、「原案を分割する修正は可能なのか」という問題です。これには、「条例案を2つの条例案に分割修正し一部を可決、その他を継続審査にする修正はできない。」という行政実例（昭33〔1958〕・10・3）があることから、議案を分割する修正は一般的にできないと解されています。

この行政実例は、一体となった一つの条例案の一部を可決として、残部を継続審査とするという場合の事例でした。全体として一つの行政目的のために必要な条項から構成される条例の一部を可決しても、条例として施行できる体裁が整っていないことになります。議案一体の原則からも、そのような修正ができないのは当然のことです。

しかし、異なる2個以上の条例等の一部改正が1個の一部改正条例案として提出されている場合は、異なります。もとはそれぞれ独立した条例ですから、一方は可決とし、もう一つを否決ないし継続審査とすることは可能であり、なんら問題はないのではないでしょうか。

また、一つの新規条例案であっても、2つの条例案に分割することはまったくできないということにはならないと思います。

例えば、何か事業者等の行為を規制する、新規の条例案があったときのことを考えてみましょう。その条例には、複数の行為、あるいは異なる複数の事業種類の事業者の規制が規定されていて、事業種類ごとに別の規制条例とするほうが、より実態にあった規制になることが明らかだったとします。その場合は、２つの条例に分けて、それぞれ独立した条例の体裁を整える修正は可能であると思います。２つに分けることが長の考える目的を大きく損なわない限り問題はありません。

したがって、一概に「分割修正はできない」とは言えません。

④原案のすべての条項について修正する

「議員にも提案権がある条例」の一部改正条例案が長から提出された場合に、条例案のすべての条項に一部または全部の変更を加える修正ができるでしょうか。つまり、「すべての条項に修正を加える修正動議」は修正動議になりうるか、という問題です。

原案の趣旨、目的に反するような修正や原案と関係ない事項を加える修正は、修正のあり方に反するという考えがあります。

しかし、実際の議会審議の中では、当該議案をめぐるいろいろな問題点について、幅広く議論がなされるわけです。その場において、「それは原案の趣旨に反するから議論してはいけない」、「そういう発言を議題外発言として禁止する」などということにはなりません。そのような審議に対する規制があってはなりません。

あらゆる観点から総合的に議論することが議会審議のあるべき姿です。そうであれば、議論や意見を総体としてまとめた場合に、全般にわたる修正ということも起こり得ることです。それが「範囲を超えている」という理由で拒否されるのは、おかしなことです。

このように考えると、「修正の性格から来る制約」というのは、ほとんど理屈の上のこと。真摯な議会審議の中で出てくる議会の修正意見には、必ずしもそういう制約が一律に及ぶと考える必要もないと思います。

「修正の制約」は考え方により意見が異なることが多いので、実際の取り扱いにあたってはケースバイケースで、原案の趣旨・目的や議会審議の内容や効率性、その他諸々の状況を勘案して判断するべきであると思います。

明らかに「できない」とされているもの以外は、そのような修正動議が提出されても、議長はそれを受理しないこと、および委員長が議題にしないことは、現実問題としてできないと思います。

第18章 修正、事件の撤回及び訂正

Q 修正の動議は、いつ提出すればいいの？

A 議会運営の実際を考慮すると、事件を委員会付託する場合は、委員会審査終了の時点から当該事件を議題とする会議日までに提出するのが、適当であると考えられます。

修正の動議は、議会審議のどの段階からどの段階までに提出することができるのか、あるいは提出すべきかということについて、地方自治法および会議規則の規定はありません。

標準会議規則は「案をそなえ（…）提出しなければならない」としていますが（県、市会規17、町村会規17の②）、その時期については何ら規定していません。

理論的には、対象となる議案が会議の議題となったときから討論に入る前まで、提出することができるといえます。

しかし、会議運営の実際に照らすと、この考え方は決して現実的ではありません。

委員会付託する場合は、委員会審査が終了した時点からであり、委員会付託を省略する場合は、委員会付託省略の議決の後ということになります。

修正というのは、原案についての趣旨説明の聴取、質疑さらにはあらゆる角度から討議・検討を加えた結果として、提案が可能になるものです。

委員会制度の下においては、あらゆる角度から議論・検討する段階や場が委員会になるわけですから、委員会の審査が終わらない段階、すなわち議論が行われる前に修正案が提出されるのは、おかしなことです。

本会議審査は、委員会の審査の経過と結果、委員長報告を聞いて、質疑があったら質疑をして、討論採決するというのが順序です。ですから、修正意見は、委員長報告を聞いた上で提出されるというのが筋です。

しかし、委員長報告が終了した時点で修正の動議を出されても、会議運営上は対応できません。会議に配布する修正案が印刷できません。

したがって、会議運営上実際的なのは、その始期《しき》は、委員会審査終了後からであると言わざるを得ないと思います。

次に、終期《しゅうき》です。いつまで出せるかと言うことです。これも、理論上は討論に入るまでということになっていますが、会議運営のことを考慮すると、まったく現実的ではありません。

「案をそなえ提出」することとしている以上、修正案を会議に配布する必要がありますから、印刷配布する時間的余裕が必要です。したがって、修正動議提出の終期は、原案を議題とする本会議の開催前、少なくとも前日ぐらいに設定せざるを得ないということになります。

以上のように考えますと、委員会付託をした場合の修正動議の提出時期は委員会審査終了後から原案を議題とする本会議開催前まで、すくなくとも本会議開催日の前日までということになります。

修正の動議というのは、動議とはいっても、会議中に提出することは想定できません。原案を議題として採決を予定している本会議開催前に案をそなえて文書で提出されていなければならない、ということになります
そうなると、修正の動議を提出することができる期間は非常に短いことになります。地方議会の平均的な会期日程では、委員会審査終了日から最終本会議の日までは3日程度しかありません。

ところが、現在は、多くの議会で会派制がとられており、また議案に対する事前説明等がなされるのが実態なので、審議に入る前から、修正意見が出てくるという実態があります。

議長はこれを拒否することはできないので、受理しておいて、しかるべき時期に議題とすることになります。

議案の審査充実のためには委員会付託前に修正案の提出を受理し、原案と同時に委員会付託するべきであるという意見もありますが、原案提出と同時に修正案を提出するのであれば、修正案としてではなく対案として、独立の議案提出をすべきです。

また、「委員会審査中心主義」の下では、委員会審査の中で修正の議論がなされるべきです。特に会派制が定着している地方議会においては、委員会審査の段階で修

正意見があれば提出し、審査すべきではないでしょうか。

次に、委員会において修正案を提出する場合ですが標準会議規則は「委員は修正案を発議しようとするときは、その案をあらかじめ委員長に提出しなければならない」（県会規68、市会規101、町村会規69）としています。

そこで、「あらかじめ」というのは「いつからいつまでか」ということになります。「あらかじめ」という以上、委員会審査日が1日限りである地方議会の実態では、原案が議題となる時点より前でなければならないことになります。理論上、委員会の議題になる前に修正案を提出するのはおかしいということになりますが、委員会当日に提出されても運営に支障を来たすわけですから、少なくとも、委員会審査日の前日までと考えざるを得ないことになります。

Q 修正の動議はどの時点で議題とされるの？

A 委員会付託しないときは原案に対する質疑終了後に、原案を委員会付託した場合は委員長報告終了後に、議題とします。

本会議の場合は、「委員長の報告及び少数意見の報告が終わったとき又は委員長報告を省略したときは、議長は修正案の説明をさせる」（県会規41、市会規40、町村会規42）として、「修正案の説明」の時期を規定していますので、このときが議題とする時期になります。

したがって、先述のとおり原案の提案趣旨説明の後にすぐ提出された修正の動議は、議長が受理し、この時期に議題とすることになります。

委員会の場合は、市議会の標準会議規則には「委員会における事件の審査は、提出者の説明及び委員の質疑の後、修正案の説明及びこれに対する質疑、討論、表決の順序によって行なうを例とする」と規定があります（第98条）。

県および町村の標準会議規則には特段の規定はありませんが、「原案に対する質疑が終了した時点で修正動議を議題にする」ということでいいのではないでしょうか。

Q 議案の撤回・訂正の手続きは？

A 提出者による議案の撤回、訂正の請求は文書により行い、動議の撤回請求は文書または口頭により議長に対し提出します。
議題となる前は議長、議題となった後は議会の許可を要します。

議案等の撤回、訂正の手続きは地方自治法には規定がありません。標準会議規則がその手続きを規定しています。

提出者による議案等の撤回、訂正は提出者の意思に基づき議長の許可により可能ですが、会議の議題に供され、議会の審議段階に入った以上は提出者の意思及び議長の許可のみにより撤回、訂正することはできず、議会の許可（承認）を必要とします。

すなわち、県および町村議会の標準会議規則は、「会議の議題となった事件を撤回し、又は訂正しようとするとき及び会議の議題となった動議を撤回しようとするときは、議会の許可を得なければならない。ただし、会議の議題となる前においては、議長の許可を得なければならない。」としています。（県会規19、町村会規20）

市議会の標準会議規則は、会議の議題となった事件の撤回又は訂正及び動議の撤回は議会の承認を要することとしています（市会規19）が、議題となる前については特段規定していません。

しかし、一旦、議会（議長）に提出した以上、提出者の自由意思により一方的に撤回、訂正の意思表示をしたことのみをもってその効果が発生するとは考えられません。したがって、明文の規定を要することなく手続上は議長許可（承認）を要するものと考えられます。

また、撤回または訂正の許可を求めるときは、提出者から事件については文書により、動議については文書または口頭により請求することとしています（県会規19②、町村会規20②）。

市議会の標準は「提出者から請求する」こととしていますが（市会規19②）、「文書による」とは規定していません。

「提出者から請求する」ということは現存する提出者全員の連署による必要があります。

「訂正」とは、提出者の錯誤または過失等による誤表記等を正すことを想定しているもので、議案等の趣旨や内容の変更にかかる重要な修正にあたるようなものは想定していません。

したがって、修正にあたるような内容の変更を要する場合は、撤回の上、修正の後、再提出する手続きをとるべきでしょう。

ただし、これらのものも「訂正」として取り扱う運営を行っている議会もあるようですが、「どこまでを訂正の範疇とするか」は各議会の判断によるしかありません。

事件がすでに委員会に付託されている場合には、委員会の許可も要するのではないかという考え方もあります。しかし標準会議規則においては、委員会付託後であっても本会議の許可によることとされています。

Q　請願の取り下げ、および訂正の手続きはどうするの？

A　請願の取り下げ、訂正も議案等と同様、本条の手続きによることになります。

標準会議規則の本条にいう「会議の議題となった事件」には請願は含まない、とする説もあります。それは、本条が「議案及び動議」の章や節（第2章・第2節）に置かれており、「請願」の手続きについては別章（県会規第9章、市会規第3章、町村会規第9章）に規定が置かれていることから、当然に「請願を含む」と解することはできないというものです。

しかし、本条の制定当時は議題となった後の手続きしか規定していなかったところ、昭和48年（１９７３）の行政実例により「請願は議会閉会中も受理することができる」となったことに伴い、開会後、議題となる前に取り下げ申し出があったときの手続きを明確にするため、本条に請願も含むこととしました。その上で、議題となる前の手続きを議長許可による旨、明確に規定したという経緯があります。したがって、本条の「事件には請願も含む」と解されます（都道府県議会標準会議規則改正経緯）。

会議の議題となる前と後で許可権者が異なることに関連して、請願の場合、議題となる時期についてどのように考えるかの問題があります。

請願は性格上、議案と異なり、本会議における提案説明、質疑などは行わず、請願文書表を配布し、議長宣告により委員会に付託することとされています。

したがって、この時点では議題とはなっておらず、請願が本会議の議題となるのは委員会の審査が終了し審査報告書が提出され、表決に付すために本会議の日程に掲載されたとき、ということになります。

そのように解すると、本会議における表決直前まで、議長許可により取り下げを認めることができます。

しかし、請願文書表の議場配布により全議員の了知するところとなり、委員会において審査段階に入った場合には、そのことが当該議会としての審議に入っているという実質的な面をとらえて、委員会付託後は会議の許可とするのが妥当であると考えます。

この取り扱いについては、「表決直前まで議長許可」としている議会もあるようです。

Q 撤回した事件を同一会期に再提出できるの？

A 撤回した事件と同趣旨の事件を同一会期に提出することは可能です。

撤回は自らの意思で行ったものであり、一度提出した事実がある以上、「一事不再議の原則」（議会で一度否決した事件は、同会期中、再び提出することができない、とする原則→第22章参照）に反するので、同一会期中は再提出できない、とする意見もあります。

しかし、撤回の許可により当該事件は最初から提出されなかったことになるものです。また、「一事不再議」は議会が議決した事件を再び提出することを禁止したものですが、「撤回の許可議決」と「事件そのものの議決」は議決の内容が異なるので「一事不再議」とは別のものです。

したがって、撤回した事件の内容を一部修正した同趣旨の事件を提出することは可能です。

Q 撤回・訂正を認めないことはできるの？

A 撤回・訂正は提出者の意思が尊重されるべきですから、一般的には不許可とするべきではありません。

撤回は提出者が当該事件の審議を望まないことであり、訂正は誤表記等を正すものです。これらを議長または議会が認めないということは、一般的にはできないと考えます。

しかし、撤回または訂正を請求する理由が不当な場合には、許可しないこともできると考えます。

例えば、長提出の事件について議会が否決または修正とする意向の場合などに、否決や議会修正を避けるために長が撤回または訂正を要求するような場合、許可しないことも可能であると考えます。

第19章　討論

Q 討論は何のために行うの？

A 討論には「他の議員を自己の意見に同調させること」「対外的に議決事件について、自己の考えを表明すること」の2つの役割があります。

討論の役割

討論は、議員が議題に供された議決事件について、表決の前提として賛否それぞれの立場から考え方を表明しあうものです。会議体の意思決定を求める手続きの一つとして欠くことはできません。

討論には、①意見の異なる他の議員を自己の意見に同調させること、②住民はじめ対外的に、議決事件について自己の考えを表明すること、の2つの役割があるといわれています。

しかし現代において、他の議員を自分に同調させるという役割はなくなっています。表決直前に他の議員の討論を聞いて賛否の考えが変わることは、現在の議会の実態では考えられません。

特に会派制を採用する議会で、討論により議案に対する賛否が変わることは基本的にありえないと思います。だとすれば、討論の現代的な意義は対外的な議員自身の意見の表明、住民に対する態度表明に重点が置かれているといえます。議会には事件の内容及び課題等を住民に認識させるとともに、なぜ可決されたのか、なぜ否決されたのかの理由を住民に対し説明する役割があります。

すなわち、討論は議会の役割の一つである議会の選択結果を住民に説明、納得させる手法の一つとして重要なのではないでしょうか。

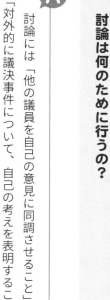

Q 討論の発言順序は誰がどのように決めるの？原則はあるの？

A 討論の発言順序は原則的には原案に対する反対者、賛成者の順に交互になるように議長が定めます。

討論の発言順序

一般的な発言の順序は、通告制を原則とする都道府県及び市議会においては議長が定めることとしています（県会規50④、市会規51③）。

討論については、議長は最初に反対者、次に賛成者と、なるべく交互に指名しなければならないとされています（標準会規、県会規51、市会規53、町村会規52）。いわゆる討論交互の原則が規定されています。

討論交互の原則というのは、討論に引き続いて行われる表決の結果に重要な影響を与える、つまり、議員が最終の表決態度を決する参考のために重要なものである、という考えから、なるべく平等に、片方に偏《かたよ》ることなく、反対、賛成を順番に行わせるという考えに基づくものです。

この原則に従えば、例えば、委員長報告が原案可決であれば、原案反対者から発言させて、次に原案賛成者、以後、交互に発言させる。また委員長報告が否決の場合には、まず、原案賛成者、原案反対者の順。委員長報告が原案修正の場合には原案賛成者（委員会修正反対者）、原案及び委員会修正反対者、原案賛成者……と行うことになるのですが（その他いろいろなケースが想定されます）、実際上は賛成討論者と反対討論者の人数が同一とは限らないし、しかも、複数の議案を一括採決している現状においては、原則どおりに整然と反対、賛成の順にはいかないことが多いと思います。

また、他の議員の討論を聞いて、自己の賛否の考えを変える議員がいなくなり、他の議員を自己の考えに同調させるという役割が失われた現状においては、討論交互の原則を順守する意味は薄れているでしょう。

個人的には、現代においては、規定はあるものの必ずしもこの原則に拘泥する必要もないように思います。多数会派順とか、あるいは定例会の順番に会派順を変えるなど、の方法をとることも可能ではないでしょうか。もちろんそれには、事前の会派間の了解が必要ですから、一定の申し合わせを行っておく必要があります。

Q 事件について再度討論の発言をすることはできないの？

A 討論一人1回の原則により、同一議題について同一議員は2回は討論できません。

同一議題の討論は1回

討論の回数は、同一議題に対し同一議員は1回限り許され、2回以上に及ぶことはできません。これを討論一人1回の原則といいます。標準会議規則に規定はありませんが、いわゆる会議原則として定着した考えです。

参議院規則には、「議員は、同一の議題について、討論二回に及ぶことができない。」と明記されています（参議院規則第117条）。

討論は質疑と異なり事件に対する賛否いずれかの自己の意思の表明ですから、何回も繰り返す必要はありません。

討論の反復を認めると尽きることがないだけでなく、感情論に陥ることになりかねず、議会審議の妨げになることも考えられます。

したがって一度討論を行った議員は、他の討論者の意見に反駁することも、仮に他の討論者の意見を聞いて自己の考えを変更した場合であっても再び討論はできないこととされています。

討論は事件の問題点や課題を議論しあい、より良い選択をするための審議過程ではありません。あくまでも、そうした審議過程を経たうえで表決を前提とした最終の意見表明が目的なのです。

Q 議決事件はどんな事件でも討論の対象になるの？

A 議決事件は原則として討論が認められますが、議事手続きに属する決定や内容的になじまないものは討論を用いないと標準会議規則が規定しています。

討論の対象となるもの

標準会議規則は、一般的な審議順序として議決事件の提案説明、これに対する質疑、委員会付託の場合の委員長報告、これに対する質疑、討論、表決という順番を定めています。しかし、これは審議順序の規定であり、いかなる事件も表決の前提として討論を許すわけではありません。

その性格から討論を用いる必要のない事件については議題であっても討論を許さないこととし、次のものが討論を用いないで決する旨、地方自治法及び標準会議規則に規定されています。

① 秘密会の議決（地自法115）
② 会議時間の繰り上げ又は延長（市、町村は変更）（県、市、町村会規9）
③ 先決動議の表決順序に異議あるときの決定（県、市会規18、町村会規19）
④ 議事日程の順序変更及び追加の議決（県、市会規21、町村会規22）、
⑤ 延会の議決（県、市会規24、町村会規25）
⑥ 一括議題にすることに異議あるときの決定（県会規36、市会規35、町村会規37）
⑦ 議案等の提出者の説明省略および委員会付託の議決（市会規37、町村39、県は討論を用いない旨の規定なし）
⑧ 委員長及び少数意見の報告の省略（市会規39、町村会規41、県は討論を用いない旨の規定なし）
⑨ 発言時間制限に異議あるときの決定（県会規55、市会規57、町村会規56）
⑩ 質疑、討論の終結動議の決定（県会規58、市会規60、町村会規59）
⑪ 緊急質問の同意（県会規61、市会規63、町村会規62）
⑫ 同一議題について数個の修正案が議員から提出された場合の表決順序に異議あるときの決定（県会規87、市会規77、町村会規88）
⑬ 議長及び副議長の辞職許可（県会規１０３、市会規１４６、町村会規98）
⑭ 議員の辞職許可（県会規１０４、市会規１４７、町村会規99）
⑮ 規律に関する問題の決定（県会規１１５、市会規１５９、町村会規１０９）

標準会議規則が討論を用いないで決する旨、規定しているもの以外にも、性格的に討論の余地がないものもあります。

Q 全員賛成が見込まれる議案でも、賛成討論を行うの？ 議決による討論省略はできるの？

A 議員全員が賛成の事件でも賛成討論ができます。

賛成討論と討論終結

議会の選択結果を住民に説明、納得させる役割を果たす手法の一つとして討論を位置付けるとすれば、全員賛成の場合でも、討論を行う意義は十分にあると考えます。

討論通告者（希望者）がいるときは、議長の発議又は議員の動議を可決することで討論をさせないこと（省略）はできません。

「意見の異なる他の議員を自己の意見に同調させること」が討論の目的であるとする考え方からすると、議員全員が賛成と目される事件について賛成討論をする意義は全くありません。

しかし先に記したように討論の現代的な意義は、事件の内容及び課題等を住民に認識させるとともに、なぜ可決されたのか、なぜ否決されたのかの理由を住民に説明する役割に移行してきています。

議会の重要な役割の一つが議会の選択結果を住民に説明、納得させることである以上、議員はその役割を果たすため、積極的に討論を行うべきです。議員が当該事件の内容等を認識していても、住民にはわからないわけですから、なぜ可決する必要があるのかを住民に理解させるためには、全員賛成の事件であっても賛成討論をする意義は十分にあると考えます。

討論に付すべき事件について賛成・反対の通告あるいは発言を求める議員がいた場合には、議決により省略することはできません。議員が有する権限を議決によって奪うことはできません。

しかし、討論が続出して、賛否いずれも同様の意見表明が何回も繰り返されることは必ずしも審議の充実につながるとは言えません。限られた日程で多様な事件を審議する必要がある地方議会においては、審議の充実とともに効率的な議事運営が求められます。

そこで、標準会議規則は、一定の条件のもと、議員に対し、討論終結の動議を提出する権限を認めています。これはあくまでも、終結の動議であって省略の動議ではありません。討論通告者（希望者）がいるにもかかわらず、動議を可決することによって、最初から討論をさせないことはできません。

市及び町村の標準会議規則は討論が続出して容易に終結しないときは議員は討論終結の動議を提出することができる旨規定しています（市会規60、町村会規59）。

「容易に終結しないとき」の判定については、都道府県議会の標準会議規則はより具体的に「賛否各二人以上の発言があった後、または甲方が二人以上発言して、乙方に発言の要求者がないときは議員は討論終結の動議を提出することができる。」としています（県会規58）。

Q

委員会からの閉会中継続審査の申し出について、賛否の討論は可能？事件を継続審査とすべきであるとする内容の討論はできるの？

A

閉会中継続審査とするか否かについて討論を行うことはできます。

原案が議題となっているときの討論において閉会中の継続審査とすべきであるという発言はできません。

継続審査

委員会付託事件について委員会において審査をしたが結論が出ないので、閉会中なお継続審査したいという申し出があった場合、これを可とするか否とするかは議会の決定するところです。その決定に際し討論を用いないで決するとする規定はありませんし、即決しなければならないものとも思われませんので、討論することはできます。討論を通告制としている議会においては、通告があればこれは許可すべきであると考えます。

しかし、討論は案件に賛成か反対かの意見を表明するもので、この場合の案件は継続審査の申し出ですから、賛否の意見を述べることはできますが、継続審査とする事件そのものの賛否に言及することはできません。

つまり、討論議員が事件そのものに賛成、または反対だから継続審査に付す必要はないという内容の発言はできません。

事件そのものは委員会に付託されたままで会議の議題にはなっていませんから、当然事件の賛否を論ずることはできないのです。

また、委員会の審査結果が、可決又は否決の場合に継続審査とすべきであるという内容の討論もできません。

事件が議題となっているときの討論は事件そのものに賛成か反対かの意見表明しかできないのですから、継続して審査すべきという意見表明は討論ではありません。

Q 議員提出議案の提出者が賛成討論できるの？

A 禁止規定はないので可能ですが、提案説明の発言が賛成討論以上の効果を有することを考慮すると控えるべきと考えます。

提出者の賛成討論

法規上、議案提出議員の討論発言を禁止する規定はありませんのでできると解さざるを得ません。

提出者は、自己の提出した議案の成立のために議会のあらゆる場面において努力する義務があり、そのための機会が与えられるべき、という考えがあります。そのような考えに基づくならば、、提出者の討論の禁止は、議案審議の最終段階で自己の考えを述べ反対者を説得する機会を奪うことになり不当とすることもできます。

しかし、提出者は提案説明において当該議案の内容について発言しています。事実上賛成討論を行っており、審議段階が異なるとはいえさらに賛成討論を許すと、事実上討論を2回行うことになります。また発言内容も提案説明と同じことの繰り返しになることが考えられます。

自己と異なる考えを引き込むという討論の機能が失われている現代においては、提案説明により自己の考えを述べた提出者がさらに賛成討論を行う実益がないのではないでしょうか。特別な理由のない限り、当該議員の良識により、控えるべきであると考えます。

第20章　表決（採決）

Q 表決（採決）にはどんな方法があるの？表決や採決と議決の違いって何？

A

標準会議規則が採用している表決方法は、

1　簡易表決
2　起立表決
3　記名投票
4　無記名投票

という4種類です。

また、表決も採決も議題に対する議員の賛否の意思表示で、表決は議員の賛否の意思表示の集計行為です。表決は議員の賛否の意思表示で、採決は議長が議員に意思表示を求めることです。

表決で得られる議会自体の意思決定を議決といいます。

表決、採決、議決

表決は議会の意思決定の前提として、議長の求めに応じて各議員が議題の事件について賛否の意思を表示することです。

採決は議長が議題の事件について各議員の賛否の意思表示を求め、その集計された意思に基づき可否いずれかに決定することです。

表決も採決も意味は同じで、議長と議員の双方の側における同一の手続き行為の両面の表現の違いにすぎません。なお、地方自治法と標準会議規則ではすべて表決という用語で表現されており、採決という用語はありません。

また議決とは表決で得られる議会自体の意思決定のことです。表決は各議員の意思表示で議決に先行する行為ですが、議決は表決という手続きを経て得られる議決機関としての最終の意思決定です。

標準会議規則が採用している表決方法

地方議会、すなわち標準の県、市、町村の会議規則が採用している表決方法はAに挙げた4種類です。もっとも挙手表決などを行う議会や委員会もあります。

①簡易表決

簡易表決とは俗に「異議なし採決」とも言われています。「本件については原案のとおり可決することにご異議ありませんか」と、議長が原案に異議のないことを確認して可決を宣告する方式です。

事前に反対者がおらず全会一致が見込まれる場合、念のため異議がないことを確認するもので、軽微な案件について採用するものと一般に説明されています。

議会によって先例等が異なるので一概には言えませんが、基本的には団体意思決定の議案や案件を簡易表決で行うべきではないでしょう。機関意思決定議案や、議事の進行の取扱いなど軽微な事件について行われるのが一般的です。

②起立表決

標準会議規則が原則的な表決方法と規定するのが起立表決です。議長が可とする者の起立を求め、起立者の多少を認定して可否の結果を宣告するものです。過半数議決を前提とし、起立者が出席議員の半数より多いかどうか判定します。起立者または着席者の数を数えるものではありません。見た目で半数を超えたかどうかの判断であり、「起立者何名」などと明確にする必要はないのです。つまり、個々の議員の表決を明確にするものではありません。起立者が半数を超えたかだけを認定し、半数を超えれば可決を、半数を超えなければ否決を宣告します。

③投票表決

投票表決は、議長が必要と認めるとき、または所定数以上の議員から要求があるときに行う表決方法です。投票者の氏名を記載する記名投票と、記載しない無記名投票の2つの方式があります。

一般的には、案件に対する賛否が半ばする場合、あるいは案件の重要性と住民の関心度などから、議員の表決結果を明確に記録し公開する必要がある場合などに用いる表決方法とされています。

Q 特別多数議決も起立表決で行ってもよいの？

A 特別多数議決においても所定数が確認できれば、起立表決で採決できるとされています。

過半数議決と特別多数議決

普通地方公共団体の議会の議事は、地方自治法が別に定める場合を除いて、出席議員（会議に出席していて表決権を有する議員）の過半数で決するとされています（地自法116）。つまり出席議員の半数プラス1名以上の賛成者がいる場合に可決されます。これがいわゆる「過半数議決」の原則です。これに対し、地方自治法が別に定める場合、所定の賛成者が必要になります。これが「特別多数議決」です。「地方自治法が別に定める場合」とは、

① 地方公共団体の事務所の設置または変更に関する条例の制定または改廃（地自法4③）
② 本会議の秘密会の開催（地自法115①）
③ 議員の資格決定（地自法127①）
④ 条例の制定、もしくは改廃、または予算に関する再議決の確定（地自法176③）
⑤ 条例で定める特に重要な施設の廃止または長期独占利用（地自法244の2②）＝以上、3分の2以上の多数
⑥ 主要公務員の解職請求に対する議会の同意（地自法87①）
⑦ 除名の懲罰（地自法135③）
⑧ 長の不信任議決（地自法178③）＝以上3分の2以上の出席、その4分の3以上の多数

等になります。

特別多数議決は起立表決で認定できるのか

起立表決は「問題を可とする者を起立させ、起立者の多少を認定して可否の結果を宣告する」と標準の会議規則には規定されています（県会規80、市会規70、町村会規81）。「起立者の多少を認定」するとは、過半数議決を前提として、起立した者が出席議員の半数より多いかどうかを判定することです。起立者数や着席者数を数えるものではなく、見た目で半数を超えたかどうか判断す

る表決方法です。そのような表決方法で、出席議員の3分の2以上の賛成を要する特別多数議決に対処できるでしょうか。

都道府県議長会が以前に作成した議事次第書例によると、特別多数議決の採決にあたり議長は議決要件を述べ、現在の出席議員数及び所定数（可決に要する議員数）を具体的に何名であると報告し、その上で、「起立者は所定数以上です（または、所定数に達しません）。よって、本件は可決（否決）されました」と宣告する次第になっています。議長が議場を見て所定数以上か以下かを認定するわけですから、議長は数を勘定しているのではないか？　という疑問が生じるかもしれません。

もっとも、事前に表決態度を会派単位あるいは個々の議員に確認してから表決に付すので、現実には所定数以上か否かをその場で判断することはありません。疑問を感じる必要もないのですが、3分の2という数の確認には数える行為が必須ではないでしょうか。過半数なら見た目でほぼ判断できます。しかし3分の2、あるいは4分の3を見た目のみで認定するのは困難な場合があると思います。

この問題については上記の次第書作成時に議論があったようです。議論の結果、3分の2以上といっても具体的に起立者が何名だと議長が宣告する必要はありません。それに基準が過半数議決と特別多数議決とで異なるだけで、いずれも多数を認定すればよいことです。したがって、特別多数議決であっても起立表決でも対処できるとされ、現在のところは起立表決の例が標準の次第書では採用されています。事前の確認が行われており、全会一致のケースも多いため、問題にならないのでしょう。

いずれにしても、数える実態がある以上、その時点で起立表決ではなくなっているのです。個人的には特別多数議決は投票によるべきだと思っています。

Q 議長は起立表決で可否同数の認定はできるの？

A 起立表決は起立者の多少を認定し、起立者が過半数または所定数以上いる場合に可決を宣告する表決方法です。可否同数の認定を想定していません。

起立表決と可否同数

起立表決は、賛否の数を数えずに可否を決する表決方法です。しかし可否同数を確認しない限り不可能です。したがって起立表決で可否同数を認定し議長裁決を行使することはできない、とするのが多数説となっています。

しかし事前に各議員の賛否が確認された場合は可否同数かどうかが判明してしまいます。実際に起立表決において可否同数の認定が行われ、議長裁決により決した例も少なくありません。特別に問題が発生しない限り各議会の判断となるのが通常ですが、ここでは少し理論的に考えてみましょう。

起立表決で起立者が賛成者であることは明確ですが、着席議員の全員が反対者であるとはいえません。起立表決では反対者の数が明らかにはなりません。議員数の少ない議会なら、着席者が全員反対で可否同数になる、と明らかになる状況もあるでしょう。また、いわゆる反対表決、反対者の起立を求めて確認すればよいではないかという意見もあります。

しかし、起立しない者全員が反対とは限りません。中にはいずれにも起立しない者もいることがありえます。賛否どちらでもない者は、最初に起立しないうえに反対表決でも起立しませんから、可否同数にはならないこともあります。

そもそも、前記の標準会議規則には「議長は、起立者の多少を認定しがたいときは、記名又は無記名の投票で表決を採らなければならない。」と明記されており、議長が可否同数を認定することを想定していません。起立者が半数とは、まさに「起立者の多少が認定できない」ときなのです。したがって、起立者が半数のときは原則に忠実に、投票表決に移行すべきでしょう。

Q 表決（採決）の順序は誰がどのように決めるの？

A 表決順序の決定は議長の議事整理権、日程編成権に基づき、一義的には議長の権限です。

表決の順序について、標準会議規則は一般原則として、

① 委員会の報告が修正である場合に議員からも修正

動議が提出されている場合は、議員の提出した修正案を先に表決に付さなければならない。

②同一の議題について議員から数個の修正案が提出されたときは議長が表決の順序を定めるが、その順序は原案に最も遠いものから表決を採る。

③議長の定めた表決順序に一定数の出席議員から異議があるときは討論を用いないで会議に諮って決める。修正案が否決されたときは原案について諮る(県会規87、市会規77、町村会規88)。

としています。

また、複数の修正案が提出されたときに、共通部分がある場合は、まず共通部分から表決に付し、その後共通していない部分について原案から遠いものの順で表決に付す、というのが原則とされています。

これは「一事不再議の原則」(一度議決した案件と同一の案件を同一会議中に再び議題として取り上げることはできないという原則→第22章参照) に抵触しないようにするためです。

Q 一括表決に異議を出せるの?一事件を部分的に採決できるの?

A 議題ごとに表決態度が異なる議員が一人でもいれば一括表決に付すことはできません。

一事件を部分に分けて採決することは原則的にできません。

「一事件一議題」が本来の議会運営であるはずです。しかし提出議題のほとんどを会期最終日に一括して議題に付す運営が一般的になっています。複数の議題を一括して委員長報告、質疑、討論をする運営です。一括議題と一括表決は別物ですから、一括議題にしたから一括表決にする、というものではありません。

一括議題にしたとき、○人以上の異議がある場合は会議に諮って決める、という規定が標準会議規則にあります(県会規36、市会規35、町村会規37)が、これは一括表決には適用されません。したがって、一括表決に異議がある者が一人でもいれば、当該議題は議員の表決権を保障する観点から、分離して表決に付す必要があります。

また、一事件を部分的に分けて表決に付すことができるのかという問題がありますが、これは基本的に「議案一体の原則」からいってできないと考えるべきです。

例えば一つの条例案のうち、数条について反対だが他は賛成だから反対の部分だけ分離して採決してほしい、という要求などがあっても基本的に認められないと考えられます。そういう場合は修正案を提出することになります。

しかし、修正案を提出できない会派や一人会派の議員が、そういう主張をするかもしれません。小会派の要求であれば、分離して採決したところで結果は同じです。議決結果に変わりなければ支障もないので、これを認めることはありうるかもしれません。ただ、それが許されるとすると、修正案が提出できる会派も分離採決を要求することになりかねません。修正案の提出審議を経ず表決においていきなり原案が変わり、修正されたのと同じ結果になることも想定されます。小会派の要求への対応は、あくまで異例の措置ではないかと思います。

ただ、本来別に提出すべき異なる条例の一部改正や人事案件を一つの議案で提出された場合は、本来の一事件ごとに採決するのは当然のことであり、それは個別に採決して差し支えありません。

Q 棄権は認められるの？

A 棄権は議員の表決権の放棄です。好ましくありませんが、事実、棄権はあることです。

棄権はあくまでも議決権の放棄であって、賛成・反対と同列の表決意思とは認められていません。特定の案件の表決において棄権する場合、議員は退席すべきです。

棄権という用語の意義は2つあると考えられます。1つは表決権を単に放棄する事実であり、つまり権利放棄です。もう1つは、具体的な個々の議案につき、議員の積極的意思として棄権することで、「表決不参加という意思」を表示する意味での棄権です。

議員の表決権は権利であると同時に義務でもあるので、棄権は義務違反となり、議員としてとりうべき態度ではありません。それに現在のわが国では、棄権という権利放棄は表決態度の一つとして認められていません。

しかし、投票表決においては、事実上出席議員でありながら、表決に参加しないことが可能ですから、積極的な意思表示としての棄権がありうるわけです。制度として棄権という表決態度は認められませんので、棄権をする者は、欠席する、あるいは議場から一時的に退席する必要があります。

本来は退席するしかないのですが、単なる棄権ではなく、棄権という意思の表明を要求する議員がごくまれに出てきます。起立表決において「棄権」と叫び、それを「記録上明らかにしておいて」という議員です。それは残念ながら、現在のところ認めるわけにはいきません。「退席しなければ反対者とみなされますよ」といって、退席を促すことが必要です。賛成、反対に次ぐ第3の表決意思は認められていないのです。

しかし、表決権を放棄するという権利、つまり賛成にも反対にも与《くみ》しないという表決態度も、時によってはありえます。例えば、議案の一部は賛成だが残部は反対であり、修正案を提出しても否決された、という場合です。

「全体の議案に対し賛成も反対もできない」という意思表示を認めるべきであるという議論もあります。しかしこれは現在のところ、認められていません。

第21章　発言の取り消しと訂正

Q　発言の取り消しの意義とその手続きは？

A　「発言の取り消し」は、議会の品位保持の観点から、発言議員の申し出に基づき議会の許可、または議長の取り消し命令により取り消され、配布用会議録には掲載しないこととされています。

発言取り消しの意義

議会は言論の府であり、議員の発言により成り立つことから言論の自由は最大限尊重されるべきです。一方、そうした権限行使としての発言に対し、議員は全責任を負わなければなりません。したがって、自己の行った発言を取り消すことは許されない、とすべきです。

しかし、地方自治法が議会の品位保持のため禁止している、「無礼の言葉」の使用や「他人の私生活」にわたる発言（地自法132）、さらには錯誤や誤解に基づく発言などを絶対に取り消せないとするのも不合理なことです。放置するとかえって議会の品位を貶《おとし》める場合もあることから、そうした発言については「取り消すことができる」とすべきであると考えられています。

発言取り消しの手続き

発言の取り消しは発言議員の申し出に基づき、これを議会が許可するのが基本です。すなわち、標準会議規則は、自己の発言について「会期中に限り、議会の許可を得て取り消すことができる。」（県会規63、市会規65、町村会規64）としています。

具体的手続きは規定していませんが、一般的には取り消しを求める理由と取り消す部分を特定して、議長宛文書により申し出ることが必要です。

発言議員の意思表示だけでは取り消せないとしてい

るのは、一度公開の議会において発言した以上、議場出席議員や傍聴者等が聞いていることから、取り消しの是非を議会の判断に委ねるべきとする考えによるもので、議案の撤回と同様です。

したがって、議員の発言中または後日、他の議員から事実誤認や不適切発言の指摘を受け発言議員がこれを認め、当該自己の発言を取り消す旨の発言を行うことがありますが、これだけでは取り消したことにはなりません。この発言は、取り消しの申し出ではありますが、他の議員から発言がないことをもって許可されたことにはなりません。そのような場合は議長が当該議員に対し取り消しの申し出であることを確認した上で、会議に諮《はか》る必要があります。

議長の発言取消し命令とは?

発言の取り消しについては、発言議員本人の申し出を許可する場合と、議長の発言取り消し命令による取り消しの、２種類があるとされています。

議長の発言取り消し命令は、地方自治法１２９条に基づく、議長の議場の秩序維持権を全うさせるために認められた権限です。同条は、「普通地方公共団体の会議中この法律又は会議規則に違反しその他議場の秩序を乱す議員があるときは、議長は……発言を取り消させ……ることができる。」としています。

「取り消させ」の意味は発言議員に発言を取り消すように命じることが可能であり、命じたことによって当然に発言が取り消されたことにはならないと解されています。つまり命じた結果、発言議員がこれに従う意思表示をするとか、異議を申し出ない場合に取り消されたことになると解されています。本人が応じない旨の意思表示をした場合は、当該発言は取り消したことにはなりません。

議長の発言取り消し命令に対し、当該議員がこれに応じる旨の発言や許諾の意思表示をした場合は、このことにより当該発言は取り消されたことになります。改めて標準会議規則上の取り消しの申し出及び議会の許可の手続きは要しないと解されています。

Q 執行機関の発言取り消しとは？

A 執行機関の発言取り消しについての規定はありませんが、議員に準じて議会の許可によることとするのが妥当と考えられています。

執行機関の発言取り消し

地方自治法129条の取り消し命令や、標準会議規則に基づく本人の申し出による発言取り消しは、いずれも議員についての規定であり、長や執行機関職員の発言には適用されません。これらの者についての発言取り消しの根拠規定はありません。

しかし、手続き規定がないことをもって、これらの者の発言が自由に取り消され、または取り消す手段がない、とするのも適当ではありません。

したがって、これらの者の発言であっても、取り消し対象となるような発言がないわけではありませんので、議員の規定に準じて、本人の申し出を議会において許可するという手続きをとることとするのが現実的な取り扱いとされています。

しかしその場合でももちろん、地方自治法第129条に準じて議長が取り消しを命じることはできないと解されています。

Q 議員の発言の取り消しや議長の発言取り消し命令はいつでもできるの？

A 発言議員本人の申し出による取り消しは、当該会期中に限りできることと明記されています。

議長の取り消し命令は取り消し命令の対象となる発言があった当日に限るという見解と、会期中ならば可能と解する見解があります。

発言取り消しが可能な期間

本人の申し出による場合は、標準会議規則に「会期中に限り」と明記されていますから問題はありません。

会期中に限定しているのは、いわゆる「会期独立（不継続）の原則」によるもので当然のことであり、仮に会期中に限るとする規定がなくても、一般的な解釈として会期中に限り取り消しできる、と解するべきです。

議長の発言取り消し命令に基づく場合は、地方自治法第129条は会議の秩序維持に関する規定であり、同条に基づく議長の発言の取り消し命令は、現に秩序が乱れている会議の秩序維持を諮るために認められるものです。当該会議が終わってから発動できる権限ではなく、発言の取り消しを命じることができるのは当該発言のあった日に限るとする見解があります。

これに対し、いわゆる不穏当発言や事実誤認等の発言は後日になって判明することもありえるし、発言議員の申し出による発言取り消しの期間を当該会期中としていることとの均衡を考慮しても、会期中は可能と考えるべきであるとする見解もあります。

なお、取り消し対象の発言があった当日に限ると解する場合ですが、議長が議員の発言を踏まえて、発言中不穏当と認める発言が「ある」、あるいは「あった」とき、後刻、速記録を精査の上、措置する旨（取り消し権を留保する旨明らかな発言）を発言し、結果として不穏当な発言と認めた際には、配布用会議録から削除することができるという見解もあります（昭和38〔1963〕・4・11行実）。

会期が終了してから事実誤認が判明した発言はどうするの？

会期終了後に発言者が、自己の発言が事実誤認に基づくものであったり、不穏当であったりすると考え、その発言を取り消したいと考えたとしましょう。しかし「会期独立の原則」の下、標準会議規則上は、そのような申し出はできません。議長もまたそのような申し出に対応する義務はありません。

会期終了後の発言取り消しの場合は、議長が次回の議会において、発言議員からそのような申し出があった旨を事実として議会に報告する方途しかありません。

Q 発言取り消しの効果は？取り消された発言は会議録上、どのように取り扱われるの？

A 地方自治法第123条に基づく会議録には、取り消し発言もそのまま記載すべきとされていますが、配布用の会議録には記載しないこととされています。

発言取り消しの効果

発言議員が議会の許可により、または議長の発言取り消し命令に応じ発言が取り消された場合には、当該発言は最初からなかったことになると説明されています。しかし、会議録原本には記載されますし、発言を行った事実は免責されるものではありません。「無礼の言葉」や事実に違背し他人の名誉を傷つけたと認められる場合は、名誉毀損に問われたり、議会における懲罰の対象にもなったりする場合があります。

取り消し発言の会議録上の取り扱い

地方議会の会議録には一般的に会議録原本（正本）と配布用会議録（副本）があります。会議録の原本には、自治法１２９条に基づき議長が取り消しを命じた発言、標準会議規則（県会規63、市会規65、町村会規64）に基づき取り消した発言の、いずれも記載することとされています。

これに対し、配布用の会議録には議長が取り消しを命じた発言、会議規則に基づき本人が取り消した発言はいずれも記載しないのが一般的な取り扱いとなっています（県会規１２６、市会規87〔参考〕、町村会規１２６）。

地方自治法は会議録の作成、議事の次第の記録を義務付けていますが（地自法１２３）、会議録の具体的な記載方法については何も規定していません。そもそも会議録原本は真実をそのまま記載するものであり、取り消し発言もそのまま記載するものであるとされています。

そこで、標準会議規則において議長が取り消しを命じた不穏当発言（発言議員が命令に応じても応じなくても）や発言議員が取り消した発言をそのまま一般に公表することは議会の権威にかかわるとして、配布用会議録には記載しないことにしているのです。

Q 議員が自己の発言を訂正したいときは？

A

議員が自己の発言中に、数字や用語の言い間違いをしたときは、議長に訂正の申し出を行い、議長がこの申し出が妥当であると判断した場合はこれを許可することになります。

議員は発言中に数字や用語の言い間違いをすることがあります。これらについては、取り消しの手続きをとるまでもなく、当該の言い間違いを訂正すれば足りることです。この手続きについては取り消しの手続き規定と同じ条文に規定されています。

すなわち、「議長の許可を得て発言の訂正をすることができる。ただし、発言の訂正は字句に限るものとし、発言の趣旨を変更することはできない。」（県会規63、市会規65、町村会規64）としています。

取り消しが議会の許可に係《かか》らしめているのに対し、議長の許可によって可能であるとしている理由は、訂正は発言の趣旨内容にかかるものではなく単なる言い間違いによるものであり、議会の判断によるまでもないことだからです。

本条は、基本的に会議後において議長に申し出ることを想定している訂正の手続きです。会議中に他の議員等の指摘により自己の発言を訂正する旨の発言をすることがありますが、これは、本条の訂正ではありません。会議中に、議員本人が訂正の発言をしてもこれは発言の訂正にはなりません。

会議中の発言の訂正をする場合は、議長に対して発言の訂正の申し入れである旨を述べなくてはなりません。

発言の訂正の会議録上の取り扱いは、発言の取り消しと同様に会議録原本には訂正前の発言も記載され、配布用会議録には訂正後の発言が記載されます。

したがって、会議中に自ら訂正すると発言しただけであり、議長に対する訂正申し出がない場合には配布用会議録にも、訂正するという発言と言い間違いの発言もあわせて記載されることになります。

そうなると後からは訂正できるのに、発言のその場で訂正できないのはおかしいのではないかという疑問が出てきます。明らかに、本条に該当するような、言葉の言い間違いや数字の言い誤り等である場合は、その場で議長が訂正の申し出であることを確認して許可する取り扱いをすることができると考えます。ただ議場における発言訂正には、取り消しに相当するようなものもあり、訂正に当たらない場合も多くある傾向があります。

そのようなものを軽々に議長がその場で許可するのは判断ミスにつながり、後々、政治的な問題に発展する可能性があるので、訂正として取り扱うのは危険です。

そういう意味で、発言議員が訂正したいのであれば、発言訂正を発言した後に、後刻、議長に申し出るような取り扱いをすることが望まれます。

Q 発言の取り消しを求める動議は適法なの？

A 違法な動議とも言えませんが、慎重な取り扱いをすべきであると考えます。

議員の発言中に不穏当、または事実と異なる部分があるとしてその取り消しを求めたり、議長の取り消し命令を求めたりする動議が提出されることがあります。

本来、議員の発言取り消しは発言議員本人の判断、または議長の議事整理権に基づく取り消し命令によるものです。議員の発言権を侵害することにもなりかねない動議は提出すべきではないという見解がありますが、現実にそのような動議が提出された場合、議長は「違法な動議としてこれを取り上げない」とするまでもない、とする見解もあります。

この場合に本動議が可決されても、発言議員はこれに「応じなくてはならない」というわけではありません。また議長も、動議の可決に拘束されないとする見解があります（昭27〔1952〕・10・8行実）。

しかし、議会の意思が取り消しを求めるということになった場合、議長は無視することもできないので、これにとらわれることにならざるを得ません。

したがって、個人的にはこのような動議は提出すべきではなく、議長に対する要望発言にとどめるべきであり、動議として提出された場合でも、議長は議事進行の要望発言として捉え、独自の判断をすべきと考えます。

第22章　委員会（制度編）

Q　地方議会の委員会にはどんな種類があるの？

A　常任委員会、特別委員会、議会運営委員会の３種類です。

地方議会の委員会

地方自治法第１０９条第１項は「普通地方公共団体の議会は、条例で常任委員会、議会運営委員会及び特別委員会を設置することができる。」としています。

本条の規定により地方議会において設置できる委員会は、常任委員会、議会運営委員会、および特別委員会の3種類に限定されています。本来、普通地方公共団体の議会が本会議以外にどのような議会内部の会議体を設置するかは、当該議会の自由であると解するべきです。

しかし、本条によりこれら3種の委員会は、各議会の判断で条例により任意に設置することができますが、この3種以外に議決事件等に関し審査、調査する会議体はいかなる名称をもってしても設置することはできません。実際には「○○協議会」あるいは「○○検討委員会」等の名称の議会内部の会議体を設置している議会もありますが、これらは自治法上、議会の正規の会議体とは解することができません。

常任委員会

常任委員会は委員会に関する条例において、当該普通地方公共団体の事務に関する所管事項を定め設置することができ、当該所管事務に関する調査および議案、請願等を審査することができます（地自法１０９②）。常任委員会は名称、委員定数および所管を条例で定めることとしており（県委条例・市委条例・町村委条例１、２）、条例が改正されない限り存続する委員会です。

特別委員会

特別委員会は「議会の議決により付議された事件を審査する。」（地自法１０９④）とされ、常任委員会と同様に条例により設置できますが、標準委員会条例では「必要がある場合において議会の議決で置く。」としています（県委条例４、市委条例６、町村委条例５）。

常任委員会が当該団体のすべての事務を網羅して所管している中で、特別委員会を設置して特定事件を審査、調査する必要な場合とは、一般的には次のようなことが想定されます。

①２個またはそれ以上の常任委員会の所管にまたがる事件を一体的に審査・調査する必要がある場合

２個以上の常任委員会の所管にまたがる事件であっても、主たる常任委員会に付託し、連合審査会制度（県会規70、市会規１０３、町村会規71）を活用すればよいのですが、予算や決算など、すべての常任委員会にまたがり、主たる委員会が特定しづらいなどの場合が想定されます。

②重要な事項につき、常任委員会よりも、委員数を増加し、かつ重点的、集中的に審査する必要がある場合

常任委員会の所管に属する事件であっても、当該団体にとって重要な事件であり、住民の関心も高く、その事件の審査・調査を重点的に行う必要があるような事件が生じた場合に、当該事件の審査・調査に特化した委員会を設置する場合があります。

つまり、常任委員会の所管ではあるけれども、事件の重要性から、相当程度の審査・調査の時間が必要であると判断された場合には、常任委員会としては、その事件ばかり審査しているわけにはいきません。

他の事件も審査しなければならない場合に、当該常任委員会の負担を軽減するとともに、十分な審査を行うために特別委員会を設置して審査・調査をする、ということが考えられます。

③常任委員会の所管に属さない事項（懲罰、資格決定など）

３番目として考えられるのは、常任委員会の所管に属さない事件が生じた場合です。常任委員会は当該団体の事務のすべてを網羅的に分担して所管していますが、

議会内部の特定の事件については所管を定めていません。懲罰事犯の審査や資格決定の審査など、議会内部の問題を審査する事件が生じたときです。

付託事件の審査、調査が終了したとき、あるいは当該付託事件が消滅したときは特別委員会も消滅します。

議会運営委員会

議会運営委員会は、平成3年（1991）の地方自治法改正により制度化された委員会です。他の委員会と同様に条例で設置することができる委員会です。しかし、その所管する事項は常任委員会や特別委員会のように、条例や議決により自由に定めることはできません。地方自治法（109③）に「次に掲げる事項の調査、審査　（一）議会の運営に関する事項　（二）会議規則、委員会条例等に関する事項　（三）議長の諮問に関する事項」と明記されています。

Q 委員会の役割と、その設置目的は何？

A

常任委員会、特別委員会の役割は付託事件を詳細かつ効率的に審査し、その経過と結果を表決の判断材料として、本会議において他の議員に提供することです。

議会運営委員会の主たる役割は、本会議運営の円滑確保のために本会議の運営方法についてあらかじめ協議することです。

常任委員会、特別委員会の役割

多様化、専門化する行政に対応して、議会の審議の充実と効率化を図るために、議会の詳細な審議を分業化し自由な議論を尽くすことが、常任委員会または特別委員会制度の趣旨であり目的です。

議会は全住民を代表する機関であり、それぞれ異なる住民を代表して選出された議員により構成する合議機関ですから、すべての議員に発言機会が保障され、そのうえで十分な議論が行われるべきです。しかし、すべての案件を全員参加の会議で、全議員が発言して議論すると膨大な時間が必要になり、議会審議の効率性が阻害されかねません。

審議の充実を図りながら、かつ効率的に運営して行くためには、審議案件の分業化が必要です。審議案件を分担して詳細な審査を行わせ、その結論をもとに最終判断をしようとするのが常任委員会制度の趣旨です。

また、分業化は必然的に専門性をも有することになります。

行政が多様化と同時に専門化してくると、すべての議員がすべての行政分野に習熟することは困難になってきます。そこで、議員が行政を分担して習熟することによって、審査の充実を図ろうとするものです。

つまり、常任委員会、特別委員会の役割は審議事件を専門分化して担当し、自由な会議運営により議論を尽くし問題点や課題を顕在化させて、本会議審議の判断材料を提供することです。

議会の常時監視機能の実現

委員会、特に常任委員会は議会の監視機能や政策提案機能の強化の担い手としての役割があると考えられます。

議会の機能は、一般的に、議決機能、監視機能そして政策提案機能があるといわれています。

このうち議決機能は基本的な機能ですから、議員全員参加の会議、つまり本会議において行使することができます。これに対し監視機能や政策提案機能は継続的な調査・研究の存在を前提とし、その集積結果として監視なり政策提案が可能となるものです。

本会議における質問・質疑中心の議案審議だけでは議会の監視機能や政策提案機能の発揮はできません。つまり、会期中だけではなく、閉会中に継続的に議員が中心となって当該団体の事務を調査し議論した結果が政策提案に繋がるのです。継続的に調査、研究するからこそ行政が適正に執行されているか、課題や問題点はないかといった監視機能が発揮されるのではないでしょうか。

本会議では発揮することが難しい監視機能や政策提案機能を果たすための担い手として常任委員会の存在と所管事務調査活動の必要性があると考えます。

議案審査を委員会付託せずに行っている小規模町村においてもこの機能を果たすためには委員会活動の展開が必要であり、この役割を担っていることが常任委員会制度の存在価値の多くを占めるものであると私は考えています。

議会運営委員会

議会運営委員会は、他の委員会と異なり本会議審査の事前審査がその役割ではなく、本会議や全体としての議会運営が円滑かつ効率的に進行できるように本会議事項等についての各種の取り扱いをあらかじめ協議することがその主たる役割であり、設置の目的です。つまり事前の協議機関です。

もちろん、議会運営委員会であっても、協議事項ではなく審査事項、例えば議会運営委員会の所管とされる会議規則や委員会条例の改正案や議会の運営に関する請願・陳情などの審議事件は最終的には採決を行って本会議に多数意見を上げれば良いのです。しかし本会議の運営にかかる事項は、多数決により結果を出せば良いというものではありません。

議会運営委員会の役割は本会議の運営方法の事前協議ですから、委員会の決定どおりに本会議が回るような結論を導き出すことが必要です。議会運営委員会決定事項は本会議において異議が出るようではその役割は果たせません。議会運営委員会では全員が納得するまで協議を尽くす必要があります。

Q 常任委員会の所管に属する議案の審査権って、固有の権限なの？

A

委員会条例で規定した当該団体の事務について、各常任委員会は当然調査する権限（所管事務調査権）が地方自治法で付与されています。

ただ会議に付された議案の審査は議長の付託または議会の議決による付託がなければ行うことはできません。

本会議と常任委員会の関係

会議に付する事件は、本会議における提案説明、質疑の後に議長または議決（町村議会）により委員会に付託されますが、この本会議の議事は質疑までですから、委員会においては原案修正はもとより、否決も可能です。審査内容にも制約はありません。

「委員会審査独立の原則」といわれる会議原則の下、委員会の審査については地方自治法や会議規則、委員会条例に反するものでない限り、委員会の判断により自由に審査することができ、議長や本会議の指示を受けることはありません。

委員会に付託した事件を本会議の議題とすることができるのは、委員会からの審査、調査結果報告の提出または審査、調査終了以降です。委員会が審査中の事件を議長や議会の意思によって本会議の議題とすることは原則としてできません（県会規39、市会規38、町村会規40）。

一方、本会議において付託された事件について委員会がその返上、つまり付託を拒否したり審査を意識的に行わなかったりすることはできません。付託された事件については審査を尽くし、委員会としてその経過と結果を本会議に報告する義務があります。

なお、議会は必要があると認めるとき（例えば、委員会が正当な理由がなく審査を行わなかったり、または遅延させていたりするような場合等）は審査、または調査に期限を付けることができます。当該期限までにその審査、または調査を終わらなかったときは、議会において審議できることとされています（県会規45、市会規44、町村会規46）。

常任委員会は、「その部門に属する当該普通地方公共団体の事務に関する調査を行い、議案、請願等を審査する。」と地方自治法109条2項に規定されています。

本規定により、常任委員会は所管事務調査権及び議案、請願の審査権が付与されているのですが、会議に付する事件、すなわち議案、請願は議長又は議決による付託が必要であり委員会の所管事務に該当する議案といえども付託行為がなければ委員会は審査できません。本会議審議の後、付託行為があって始めて実際の審査権行使ができるのです。

これに対し所管事務調査は固有の権限として本会議とは関係なく行使できる権限とされています。

ただし、常任委員会が所管事務調査をしようとするときは、事項、目的、方法、期間等をあらかじめ議長に通知しなければなりません（県会規72、市会規１０５、町村会規73）。

Q 特別委員会に付託された審査、調査事件に関連する調査を常任委員会で行うことはできるの？

A 常任委員会の所管事項の一部を特別委員会に付託したときは、その事項に関する審査、または調査はできません。

常任運委員会と特別委員会の関係

常任委員会の所管に属する事項を、特別委員会を設置し付託すると、その事項については一時的に特別委員会に委譲されると解されます。

したがって、常任委員会の当該所管事項についての権限は一時的に停止することになります。常任委員会は当該所管事項について審査・調査できないこととなるわけです。それは、同一事項について同時に2つの委員会が審査・調査することはないからです。それはまた、特別委員会という一時的、臨時的な委員会の設置の趣旨にも反します。

特別委員会が、特定事件を審査・調査するため会期中に限り設置され、会期中に結論が出される場合は問題ありません。しかし調査特別委員会が設置され、設置期間を調査終了までとする、などという議決をすることが多く、会期中だけではなく閉会中あるいは恒常的に特別委員会が存続することとなります。その場合には常任委員会との所管の共有化が問題となります。

例えば、特定事項についての調査特別委員会が設置され、閉会中も存続している場合を考えましょう。次期の定例会に調査事項に係る議案が提出されたとき、議案を常任委員会に付託するのか特別委員会に付託するのか、という問題が発生するケースもあります。

特別委員会には調査だけを付託したのだから、議案の審査は当然常任委員会であるとして審査するケースもあります。この考え方によると特別委員会の調査の成果が議案審査に活かされないことになります。何のための調査特別委員会なのか、ということになりかねません。

第23章　委員会（運営編）

Q　委員会の審査順序は本会議と違うの？

A　委員会の審査は、その本質から本会議ほど形式的ではありません。委員の自由闊達な議論が尽くされることが期待されますが、審査順序としては本会議と同様となります。

委員会における付託事件の審査の手順について、県及び町村議会の会議規則は何も規定していません。市議会の会議規則は「提出者の説明及び議員の質疑の後、修正案の説明及びこれに対する質疑、討論、表決の順序によって行なうを例とする。」と規定しています（市会規98）。

このような規定がない県及び町村議会においても、概《おおむ》ねこのような順序で審査が行われます。

本会議の、どちらかといえば形式的な運営を、できるだけ排除し自由な会議運営を行い、そのことにより議論を尽くし問題点や課題を顕在化させ、本会議審議の判断材料を提供するというのが委員会の役割です。その発揮のために、本会議とは異なる運営がいくつかあります。

発言の自由

県、市議会において本会議の発言は一般的に発言通告制が採用されています（県会規50、市会規51）。そのことから、あらかじめ発言順が定められるほか、発言回数の制限（県会規54、62、市会規56、64、町村会規55、63）や発言時間の制約もあります。

また、質疑に当たっては、自己の意見を述べることができない（県会規53③、市会規55③、町村会規54③）こととされています。

しかし委員会においては「委員は、議題について自由に質疑し、及び意見を述べることができる。ただし、委員会において別に発言の方法を決めたときは、この限りでない。」（県会規66、市会規115、町村会規67）と規定されています。その場で委員長に発言許可を求めることができ、議題の範囲をこえない限りにおいて原則的には回数や時間の制約なく自由に質疑することが可能です。

また質疑においても自己の意見を述べることができるとされています。

「自由に質疑し、及び意見を述べることができる。」とする規定の意味は、「質疑に当たって意見を述べることができない。」とする規定の例外を定めたものです。

この段階で事件に対する賛否の意見を述べる運用を行っている議会も少なくないようですが、「質疑に当たっての意見」とは自己の考えをいうものであり、「事件に対する賛否」とは別のものです。

質疑と討論はまったく別の審査段階であり、これを混同すべきではありません。

修正案の発議

本会議の修正動議は、「団体意思決定議案」に対するものは議員定数の12分の1以上の者（地自法115の3）の発議によらなければなりません。

また、「機関意思決定議案」については、会議規則の定めるところにより発議者のほか一定数の賛成者（町村は発議者）が必要ですが（県、市、町村会規17）、委員会における修正案の発議は賛成者が要求されていません（県会規68、市会規101、町村会規69）。

本条は「委員は、修正案を発議しようとするときは、その案をあらかじめ委員長に提出しなければならない。」と規定しています。しかし、「これは案の事前提出義務を規定したものであって、提出者一人で提出できるとすることではない。なぜなら、委員会における修正案の提出も動議の提出であるから、動議提出に要する賛成者の規定がある以上、他の動議と同様、所定の賛成者を要する」とする考え方がありますが、本条は17条と同様、16条（動議成立に○人以上の賛成者を要する規定）に対する特例を定めたものであり、一人で提出できる旨の規定と解されています。

招　集

委員会の招集は委員長が行います。招集の日時、場所、事件等を議長に通知する必要があります。

また、委員会には会期、議事日程の概念はありません。議会の会期中であればいつでも自由に開会できます。

本会議と同様に委員会も日をもって単位としているので、その日の委員会において審査が終了しないときは、いったん委員会を閉じて翌日等に改めて招集することになります。

Q 「連合審査会」って何？どういうときに開催できるの？開催の手続きとその運営は？

A

委員会に付託された事件に他の委員会の所管に関連する事項があるときは、他の委員会の意見を聞く必要があります。

その場合、協議に基づき、2つ以上の委員会が連合して審査、調査する会議を開きます。それを「連合審査会」と言います。

連合審査会の意義と開催手続き

付託事件の審査または調査は、付託された委員会においてその構成員で行われるのが原則です。

しかし、委員会に付託された一つの事件に他の委員会の所管に関連する事項があるとき、その委員会と協議して当該事件に関係のある委員会等を審査または調査に参加させ、その意見を聞く必要性が認められることもあります。

そのときに委員会の協議に基づき、2つ以上の委員会が連合して審査、調査する会議を、「連合審査会」と言います。

標準会議規則において、「委員会は、審査又は調査のため必要があるときは、他の委員会と協議して連合審査会を開くことができる。」（県会規70、市会規103、町村会規71）とされています。

連合審査会は付託事件を所管する委員会（主たる委員会）が必要と認め、他の委員会に申し入れる場合もありますし、付託事件に関連する事項を所管する委員会（従たる委員会）からの求めに応じて開催する場合もあります。

連合審査会の運営

○委員長――連合審査会の委員長は、審査または調査事件の付託委員会の委員長が務めるのが原則です。

○定足数――連合審査会の定足数については会議規則の規定はありません。

①連合審査会の定足数については、連合審査会を構成する委員会の委員定数の合計を基準として、その半数以上が必要であり、かつ、構成する各委員会の委員が一人以上出席している必要があるとする考えが多数のようです。

②さらに事件の付託委員会（主たる委員会）の委員が当該委員会の定数の半数以上出席している必要がある、とする考えもあります。

また、③連合審査会を構成する委員会の合計委員数の半数以上は必ずしも必要なく、「主たる委員会」の委員が定数の半数以上出席、構成委員会の委員が一人以上出席とする考えもあります。

③は「主たる委員会」の審査、調査の参考にするために他の委員会の意見を聞こうとして開催するのが連合審査会である、という考え方です。「主たる委員会」の委員がその定数の半数以上出席すべきであり、それで足りる、とする考えであると思われます。

いずれの考え方を採用するかは各議会の判断によるのではないでしょうか。

審査内容

連合審査会は名称のとおり審査または調査を行うことが目的ですから、付託事件の趣旨説明の聴取と質疑および意見を述べることまでが審査内容であり、修正案の提出や討論、表決はできません。

Q 「少数意見制度」って何？

A 委員会の決定に反対の意見を有する委員が、本会議において委員長報告に次いで反対の意見を報告することを認める制度です。

委員会は議会の意思決定過程の第一次的審査機関ですから、その議決は最終的な効力も対外的な効力も有しません。

議会の議決も、当然のことながら委員会の議決に拘束されません。委員会の多数が必ずしも議会の多数を意味しませんし、委員会の少数が必ずしも議会の少数を意味するものでもありません。

したがって、委員会の結論に対する少数意見も、本会議における最終決定の判断材料として報告する価値があり、場合によっては少数意見が本会議において多数の支持を得ることもあり得ます。

「少数意見制度」は「多数決原理」を尊重し、多数によって議決された委員会の意思を報告する一方、多数決原理の欠点を補正するために委員会における少数意見を尊重、擁護するためのものです。最終的な議決権を有する本会議審議の参考とするため委員会報告書、委員長報告に次いで少数意見の報告を行うことを認める制度なのです。

しかし、委員会報告書や委員長報告において多数意見が詳細に報告されることがない実態においては、「少数意見報告」にそれほどの意味があるとは思えません。

少数意見の意義

少数意見とは委員会の意思決定の際に少数であるがため廃棄された意見のことです。

委員会の決定に反対した者が表明した意見を言います。例えば、委員会の決定が原案可決の場合に原案反対の者が提出するもので、単に反対の意思表示だけではありません。反対の理由が意見の内容を構成するのです。

したがって、原案反対の者が複数いても、反対の理由が異なれば、それぞれ別に少数意見を提出することもできます。否決された修正案の提出者も、少数意見を提出することができます。

少数意見の留保

「少数意見報告」をするには、委員会の表決の結果として少数であるがため廃棄された「少数意見」をなお、最終の会議において報告する「権限行使」を委員会において事前に明らかにしておかなければいけません。権限行使を予告することを「少数意見の留保」と言います。

委員会において「少数意見を留保」するためには他に出席委員１人以上の賛成者が必要であり（県会規75①、

市会規１０８①、町村会規76①）委員会において表決が行われた直後に「留保」を表明する必要があります。

少数意見の賛成者は、当然のことですが委員会において表決が行われたときに出席している者で、委員会の決定に反対した者でなければなりません。

少数意見報告書

少数意見を本会議において報告する場合、少数意見者が１人以上の賛成者と連書し「少数意見報告書」を作成します。それは委員会の報告書が提出されるまでに、委員長を経て議長に提出される必要があります（県会規75②、市会規１０８②、町村会規76②）。

委員会報告書

「委員会報告書」は委員会の審査の経過と結果をとりまとめたものであり、最終の意思決定機関である本会議審議の参考とするために必要です。また、形式的には報告書を作成して議長に提出することにより、付託により委員会にあった事件を議長に返戻《へんれい》し、審議段階を本会議に移すために必要な手続き行為でもあるのです。

議長は報告書の提出をまって議会の議題とすることができます（県会規39、市会規38、町村会規40）。委員会において審査が終了していても、報告書の提出がないと本会議の議題とすることができません。

「委員会報告書」の様式は会議規則等には規定されていません。ただ議員が事件の賛否を決するのに必要かつ十分な情報が記載されていなければなりません。そのため、「委員会報告書」は委員会の議決による公正なものであるとされていますが、委員長に一任する議決によることが一般的になっています。

委員会の決定が修正議決である場合、当然その修正の条項を明確に記載する必要があります。

Q 「再審査」とは何？

A

「再審査」とは、委員会が審査を終了し、報告書を提出した事件について、議会の議決により再付託されたことにより、同一事件を再度審査することです。

また、委員会が議長に報告書を提出した後に委員会自らの意思により報告を取り消し、委員会の議決により審査をやり直すこともあります。これは例外であり、客観的な必要性が要求されます。

「再審査」とは、一度委員会において審査が終了した事件について審査をやり直すことです。どの段階からやり直すかは、再審査の理由により異なります。

委員会の審査が終了し議長に提出された報告書が本会議の審議に付され、その結果本会議において委員会の審査が不十分であると判断された場合がまず考えられます。あるいは委員会審査時にはなかった事実があらたに判明した場合や、諸情勢の変化が生じた場合などに、本会議の議決により委員会に再付託し、審査を再度行わせることもあります。

これは本会議の決定によるものであり「一事不再議の原則」（一度議決した事件は、同じ会期中には審議しない）に反することにはならないとされています。

一方、委員会が審査決定した事件について、報告書を提出する前、あるいは提出後に、委員会が自ら先の議決を取り消す議決を行って再審査することはできるでしょうか。委員会は最終の議決機関ではないので本会議審議ほど「一事不再議」を厳格に解する必要がないとして可能であるとする意見もあり、再審査の理由によって意見の分かれるところです。

最終の議決機関ではない委員会は本会議審議ほど「一事不再議」を厳格に解する必要がないことに異論はありません。しかし委員会が自ら再審査を行う理由には、客観性が要求されると思います。

間違った審査資料によって審査が行われた場合、審査結果に重要な影響を与える程度の錯誤または手続き上の瑕疵《かし》があった場合、あるいは審査結果に重要な影響を与えるであろう新事実の発覚や情勢の変化等があった場合などがその理由になるでしょう。

客観的に再審査が必要と認められる場合は委員会による再審査は可能と解してもよいと考えますが、一部委員や会派の錯誤、勘違い等を理由とする再審査は認められないと考えます。

第24章　一事不再議の原則

Q 「一事不再議《いちじふさいぎ》の原則」ってどういうこと？

A 「一事不再議の原則」とは、一度議決した事件と同じ事件は、同一会期においては審議・議決できない、という「会議原則」のことです。

一事不再議の原則

「一事不再議の原則」とは、議会が議決した事件と同一の事件は同一会期中には再び審議・議決できないとする原則です。

このことを原則とする理由としては、一般的に、

①議会意思の安定性を確保すること、すなわち同一会期に同一事件について異なる議会意思を認めないため

②議会の能率的、効率的運営を確保するため

――であるとされています。

「一事不再議」は「会議原則（過半数議決の原則、定足数の原則、議事公開の原則等）」の一つとされており、地方自治法に規定はありません。

国会においても、国会法や衆議院、参議院それぞれ両院の議院規則にも規定はありません。

ただ地方議会においては、標準会議規則に「議会で議決された事件については、同一会期中は、再び提出することができない。」（県・市・町村会規15＝市は参考規定）とする規定があります。

「再び提出することができない。」としていることから、提出はできないが「すでに提出されている同一事件は、一方の事件が議決されても審議・議決することができる」とする解釈もできなくはありません。

しかし、地方議会においても「一事不再議の原則」は存在し、すでに提出済みの同一事件についても、一方の事件が議決された場合は残余の事件は審議、議決でき

ないとされています。

そのような意味では、この「標準会議規則」の規定は「一事不再議の原則」のすべてを表現しているものではないと考えられます。

「一事不再議」の要件

「一事不再議」は、

①特定事件が議決（可決、修正議決、否決）されること
②同一会期中で適用されること
③同一形式の間において適用されること

の3つが要件となります。

例えば、条例案と条例案、意見書と意見書、請願書と請願書の間で適用されるものです（理論上であり、実際の運営では形式を異にしても適用される場合もあります）。

Q 「一事」かどうかの判断の基準は何？

A 「一事」の判断基準に明確なものはありません。
事件の形式、内容、趣旨・目的等を考慮し総合的に判断することになります。

「一事」の判断は、議決された事件ともう一方の事件の形式、内容、趣旨・目的を総合的に比較し、さらに、議決した事件の審議内容、議決後の客観的な状況変化等も考慮する必要があります。

事件ごとに総合的に比較考量して判断するしかありませんが、考えられるいくつかのパターンを紹介します。

形式、内容が同一である場合

①議決された事件と形式、内容が同一である事件は当然、「一事」です。

例えば否決された条例案と同一内容の条例案を、名称を変えて提出することは「一事」です。

しかし、あらたに提出する条例案等の一部に、先に否決された事件の内容が組み込まれている場合はどうでしょう。

先に否決された事件の部分が「一事」であることは間違いありません。あらたに別の内容を含んでいても、基本的な部分が否決された事件の内容と同一である場合、否決されたものを再度審議することを求めるのは許されません。したがって「一事」と判断すべきと考えます。

しかし、他のあらたに提案された部分と提案の趣旨、

目的がまったく異なる場合は、「一事ではない」とも考えられます。

この場合は、審議過程において、先に否決された部分を削除修正する、などの方法も考えられます。

②議決された事件と形式、内容が同一である事件であっても、提案の理由が異なる事件の場合は、どのように考えればよいでしょうか。まず同時に提出された場合は、理由を異にしても「一事」と考えられます。

しかし、その後の状況に変化や新たな理由が生じ、その理由により先に議決された内容と同一の事件が提出された場合は、「一事」に該当しないこともあります。

例えば、議長不信任決議案が否決された後、新たに生じた事実を理由とする不信任決議案は、「一事ではない」と考えられます。

③趣旨、目的あるいは名称が同一の場合であっても、内容が異なれば「一事ではない」と考えられます。例えば副市町村長の選任同意案件が否決された場合、別の人物を同一会期において同意を求めることは、「一事」にはなりません。

また議員定数を減少する条例が否決された場合——例えば現行定数が20名の議会において17名とする条例が否決された場合——あらたに15名あるいは18名とする条例案を提出することは、「一事」に当たるでしょうか。

これは審議過程における「議会意思」が現行定数維持とするものである場合には、「一事」に該当するとする見解があります。まさに、「審議内容を考慮する」ということになります。

また、減数の数を問題とするならば、審議過程において修正により対応できることなので、やはり「一事」に該当する、と考えられます。

対案と「一事不再議」

議会において事件を議決した後の提出ではなく、一つの問題について複数の案が同時に提出された場合、その事案と「一事不再議」の関係はどうなるでしょうか。

例えば、前述のように「議員定数の減少条例」が複数提出されている場合、一案が可決されれば議会意思は確定し、他の案は「一事不再議」に該当しますから、議決不要になります。

しかし、一案が否決された場合には議会意思が確定していません。そのときは他の案を採決することは可能です。

このように目的が同じで内容が明らかに異なるならば可能ですが、対案関係にある事件の場合、両案共通の部分があるのが通常です。その場合にはその共通部分は「一事」に該当することになります。

したがって、このような場合は、可決される見込みのあるほうを先に採決、可決します。その後、別案は議決不要とするのが、「一事不再議の原則」に適《かな》った運営であるといえます。

しかし、政治的な理由で両案の可否を明確にする必要がある場合は異なります。便宜上両案はまったく別案であるとみなし、両案を採決することを宣告、または会議に諮《はか》って行うこともできると考えます。

複数の修正案と「一事不再議」

特定の事件に対し、複数の修正動議が提出され、それらに共通部分があるときは、どうなるでしょう。その場合、共通部分は「一事」に該当するので、単純にそれぞれの修正動議を採決することはできません。

「一事不再議の原則」に忠実に採決する場合、共通部分以外を先決し、後に共通部分を諮る運営を行うことになります。

例えば、委員会修正案と議員提出修正案とが一部共通の場合は、否決される可能性の高い議員提出修正案のうち、委員会修正案と共通する部分を除く部分について採決します。次に両修正案の共通する部分について採決し、次に委員会修正案の残りの部分について採決し、最後に修正部分を除く原案について採決することになります。

しかし、このような原則に従った運営は採決の回数が多くなり、分かり難く現実的ではありません。便宜的な方法として、対案関係にある場合と同様に両案はまったく別案であるとみなし、両案を採決することを宣告、または会議に諮って行うこともできると考えます。

Q 「一事」の判断は誰がするの？

A 「一事」の判断は議会、または委員会が判断します。

標準会議規則は「一事不再議」を規定していますが、誰が「一事である」と認定するかについては規定していません。

「一事不再議の原則」は審議方法の原則ですから、議会が認定することになります。

委員会審査の場合は、委員会が認定することになります。議会が認定するといっても、実際にはあらかじめ議会運営委員会で協議をして、その結果に基づき議長が運営することになります。

Q 「一事不再議」に例外はあるの？

A

「一事不再議」の例外、またはこれを適用しないとされているものには

①再議制度によるもの
②直接請求にかかるもの
③事情変更の原則によるもの
④請願

などがあります。

地方自治法の規定に基づくもの

①再議に付された事件

地方自治法は第176条および第177条において議会の議決に対する長の「再議権」を付与しています。

同条の規定に基づき、長が議会の議決を再議に付したときは、議会は再議に付された事件を再審議しなければなりません。したがって「一事不再議の原則」は排除されます。

再議の種類は、

①条例の制定もしくは改廃、予算の議決を含め広く議会の議決について長が異議があるとき（地自法176①）
②議会の議決または選挙がその権限を超え、または法令もしくは会議規則に違反すると長が認めたとき（地自法176④）
③義務費を削除減額したとき（地自法177①）
④非常災害等の経費を削除、または減額したとき（地自法177①）

の4種です。

再議の効果は、長が再議に付した時点で前の議決の効果は停止され、議決がなかった状態になり、議会は当

該事件を再び審議する義務を負うとされています。したがって、「一事不再議の原則」は適用されません。

②直接請求の条例案

地方自治法第74条は、当該地方公共団体の選挙権を有する者は、長に対し条例の制定、または改廃の請求ができるとしています。この請求があったとき、長は20日以内に議会を招集し、意見を付けて付議しなければならない、としています。住民の「直接請求権」は住民の基本権として位置付けられており、議会の運営に関する原則によって侵害されるものではないとされています。

したがって、議会が当該会期において同じ内容の別の条例案を議決しても、再議制度と同様（一事不再議の原則の適用はない）、議会は直接請求による条例案についても可否を決する義務があるとされています。

事情変更

一般的に制度や原則というのは、同一の事情を前提とするものです。前提が変われば原則の適用も解除される、と考えられます。

「一事不再議の原則」は同一環境、同一条件において適用されるものであり、環境条件が変化した場合には適用されないと考えられています。

ただし、事情変更の認定は客観性が要求されます。安易な適用は避けるべきでしょう。

請　願

請願権は国民の基本的人権に属する権利であり、議会は同一内容の請願であっても、個別に意思決定をする義務があると考えられています。

しかし同一趣旨・内容の請願が複数提出された場合、一括議題として審議することが適当であると考えます。

議会の議決による委員会の再審査

前章記載のとおり、「本会議の議決による委員会の再審査」も「一事不再議」にはなりません。

委員会の審査が終了し、議長に提出された報告書により、本会議の審議に付されます。その結果、本会議において委員会の審査が不十分であると判断されたり、あるいは委員会審査時にはなかった事実があらたに判明した場合や諸情勢の変化が生じた場合などに、本会議の議決により、委員会に再付託し、審査を再度行わせることがあります。

これは本会議の決定によるものであり「一事不再議の原則」に反することにはならない、とされています。

第25章 継続審査（調査）制度

Q

継続審査（調査）制度は「会期不継続の原則」に反しないの？また、その趣旨と法的根拠はどんなもの？

A

本来の継続審査（調査）制度は特定の事件に限り、閉会中の委員会活動を認めることを目的とするものです。

しかし、当該継続審査事件そのものを後会《こうかい》に継続させようとする要請から、会期不継続（案件不継続）の原則の例外として考えられるようになりました。地方議会においてはその法的根拠は明確ではありません。

会期独立の原則

議会は会期制度を採用していることから、会期中のみ活動能力があり、閉会中は一切の活動能力が停止されます。

そのことから、議会は会期ごとに独立した別個の存在であるとされています。これを「会期独立の原則」と言います。

会期独立の原則の本質は、「議決（決定）効力の独立」です。

すなわち新会期においては前会期の議決や決定、さらには審議経過に拘束されない、ということです。

したがって、本来は会議の運営原則である会議規則、正副議長などの議会構成、常任委員会および特別委員会等の議会の組織は会期ごとに決定すべきものであり、また、前会期に議決に至らなかった事件及びその審議経過は新会期には継続しない（前会期の経過に拘束されない）、ということになります。

現代においては必ずしも厳格に適用されていませんが、このうちの一態様として、「会期不継続の原則」といわれるものが国会法および地方自治法に規定されています。

会期不継続の原則と継続審査（調査）制度の趣旨

会期独立の原則の一態様としての会期不継続の原則によると、会期中に議決に至らなかった事件は当該会期限りにおいて審議未了・廃案となり、次の新たな会期には継続することはありません。

必要な場合は、次期会期に改めて提出することを要し、提案説明・質疑等の一連の審議手続きは、はじめからやり直すことになります。

会期不継続の原則を厳格に解すると、そのようなことになるのですが、会期中に結論が出せなかった事件および審議経過を次期会期には一切継続しないとすることは、会議運営の効率の観点から考えると必ずしも合理的ではありません。そこで、会議の議決により特定事件に限り次期会期に継続するとする運営を行いたい、という要請が生じてきます。

その要請に対応して考えられたのが、継続審査制度であるといえます。

すなわち、継続審査制度とは特定の事件については会期中に議決に至らなくても、議会の議決により、後会に継続できるとする制度です。

継続審査制度の法的根拠は？

地方自治法第１１９条には「会期中に議決に至らなかった事件は、後会に継続しない。」と規定されています。この規定は会期不継続の原則の一要素である「案件不継続の原則」を明記したものと考えられます。一方、継続審査に関する規定としては、同法第１０９条第8項に「委員会は、議会の議決により付議された特定の事件については、閉会中も、なお、これを審査することができる。」とされています。

第１０９条のこの「閉会中継続審査制度」を根拠に、閉会中継続審査に付された事件は、第１１９条の「会期不継続（案件不継続）」の例外として、後会に継続すると解することとされています。

しかし、第１０９条第8項の規定は、「議会は閉会中は一切の活動能力を有しないとする会期制度の例外として、委員会に限り、議決により特定事件については閉会中も審査できる」としたもので、あくまでも閉会中の「委員会の活動能力」を付与した規定であり、会期不継続（案件不継続）の例外も想定した規定ではありません。

第１０９条第8項の規定をもって「閉会中継続審査

制度」といっていますが、継続するのは当該会期から閉会中に継続する、ということであり、後会にも継続する、と解することには無理があります。

しかし、「付議された特定の事件に関する限り後会に継続するものであり、改めて提案する必要は無い。」（昭25〔1950〕・6・2行実）とする第109条第8項に関する行政実例により、閉会中継続審査事件は後会に継続する、と解されて運営されているのが実態です。

これに対して、国会における規定はどうなっているでしょうか。

委員会の閉会中継続審査に関する規定は、地方自治法と同様に国会法第47条第2項に「常任委員会及び特別委員会は、各議院の議決で特に付託された案件（懲罰事犯の件を含む。）については、閉会中もなお、これを審査することができる。」としており、会期不継続（案件不継続）に関する規定は、国会法第68条に「会期中に議決に至らなかった案件は、後会に継続しない。但し、第47条第2項の規定により閉会中審査した議案及び懲罰事犯の件は、後会に継続する。」としており、委員会の閉会中継続審査案件は「案件不継続の例外」として後会に継続する旨、明記しています。

この但し書き規定は国会法制定時には規定されていませんでしたが、その後の改正で明記されました。

国会における取り扱いと同様に地方議会においても、閉会中継続審査案件は後会に継続するという取り扱いをするならば、国会法の改正を受けて地方自治法も改正すべきであったのではないかと考えますが、前記のような行政実例という解釈により解決してしまい、現在に至っているのです。

しかも、なぜ閉会中継続審査事件が会期不継続（案件不継続）の原則の例外になるのか、その理由が行政実例にはまったく示されていません。

そもそも、閉会中の委員会の継続審査制度は委員会が閉会中に活動したいという要請よりも、会期中に結論が出なかった案件を当該会期の終了によって廃案とするのではなく、次期会期に継続させたいとする要請が本音としてあることは推測できます。

しかし、やはり法的解決がなされるべきであると考えます。

Q 継続審査の対象となる事件はどんなもの？ またその手続きはどうなるの？

A 継続審査の対象となる事件は委員会に付託されている事件に限定されます。
事件の内容としては特段の制限はありません。調査（所管事務調査を含む）事件も対象になります。

継続審査に付される事件

継続審査に付すことができる事件は、委員会に付託されている事件（審査または調査事件）であることが条件です。

継続審査は閉会中に委員会において行うものですから、当然のことですが委員会に付託していない、本会議の審議事件は継続審査とすることはできません。

また、通常、委員会付託をしないで本会議限りで審議決定する取り扱いの事件を継続審査とすることはできません。もちろん継続させるために、特定の委員会に付託すれば可能ではありますが、本会議即決を例としている人事案件や正副議長や議員の辞職許可などは継続審査にはなじまないと考えられます。

地方自治法は委員会が閉会中に審査できる事件について「議会の議決により付議された特定の事件」とするだけで、具体的に規定していません。また、行政実例においても地方自治法第109条第8項の審査には、同条第2項の常任委員会が行う調査も含む（昭22年〔1947〕・8・18行実）としており、議案、請願、調査事件（所管事務調査を含む）等が継続審査事件の対象になります。

継続審査の申し出と議会の議決手続き

継続審査とする手続きは、基本的には、委員会がいまだ審査不十分であり今会期終了後も引き続き閉会中の審査を行うべきと判断した場合に、委員会の議決に基づき、継続審査の申し出書を提出し、それを議長が会議に諮《はか》り決定することになります。

また、一般的ではありませんが、委員会が結論を出して議会に報告した事件を議員の動議に基づき委員会に再付託の上、継続審査とする議決も手続きとしては可能です。

さらに、会期末に提出された請願などを本会議において委員会付託のうえ継続審査に付す、という議決によることもあります。

継続審査の申し出が否決された場合

委員会が継続審査の必要があるとして継続の申し出を行ったが、本会議において当該申し出が否決された場合は、そのままでは会期終了とともに審査未了廃案となります。

本会議の意思が今会期中に結論を出すべしと言うものであるならば、期限を付して審査の終了を求める議決をすることになりますが、継続の申し出は会期末に行われるものですから、そのようなことは事実上不可能です。

Q 閉会中継続審査の期間はいつまで？

A 閉会中はまさに次期定例会の前日までですが、臨時会が開催されたときは、その期間は審査できません。

閉会中継続審査制度において審査できる期間は次の会期まで、すなわち、次期定例会の前日までが閉会中の審査期限です。

ただし、その間に臨時会が開催された場合は、継続審査事件が当該臨時会の付議事件ではない限り、臨時会中の審査・調査は一時中断され、臨時会終了後、再度次期定例会前日までが閉会中の審査期限となります。

地方議会における臨時会は、付議事件に限定して議会の活動能力が付与されるとされていますので、委員会といえどもその期間中は臨時会の付議事件以外の事件については審査、調査はできないと解されています。

なお、閉会中に議員の任期満了を迎えたときは、審議未了、廃案となります。

Q 議案の継続審査事例は決して多いとは言えません。はたしてこの制度の存在意義はあるの？

A 地方議会において長提出議案が継続審査となる事例はきわめて異例です。

継続審査制度は、常任委員会の閉会中所管事務調査として活用することに、現代的な意義があると考えます。

継続審査（調査）制度の現代的意義

地方議会における閉会中継続審査の事例は極めて少なく、請願、陳情にわずかに例があるのみで、長提出議案の継続審査の事例はほとんどありません。

したがって、この制度の意義があるのかという疑問をもたれる方も多いと思います。

しかし、閉会中審査（調査）制度の現代的意義は、会期中に結論が出なかった案件を次期会期に継続させることにあるのではなく、議会の活動能力が付与されていない閉会中にも、委員会に限り特定事件について活動能力を付与することができるところにある、と考えるべきです。

年4回の定例会制度の下、議会が活動能力を有する期間は年間多くて100日前後です。残りの265日は議会の活動能力が付与されておらず、議会の機能は停止している状態になります。

しかも、議会の機能（役割）は一般的に、

①議決機能
②監視機能
③提案機能

とされていますが、定例会における議会活動は長提出議案の審議が主目的であり、議決機能しか発揮されていないのが実態です。

監視機能や提案機能を発揮するための活動の場がないのが実態ではないでしょうか。

そうした議会活動の現状においては、閉会中における常任委員会の所管事務調査活動の展開が必要です。

監視機能や提案機能というのは、ある程度長期にわたり継続的な調査、検討があって発揮されるものであり、長提出議案の審議が主目的の定例会の議会日程において、発揮できる機能ではないと思います。

本制度の活用なくして、議会の監視機能や提案機能の発揮はありえないと考えます。

したがってすべての地方議会においては、常任委員会の閉会中所管事務調査を活発に行うことを、ぜひ検討してほしいのです。

議案の常任委員会付託をしない町村議会においても、常任委員会の閉会中所管事務調査の充実を図ることを検討すべきではないでしょうか。

なお、常任委員会の所管事務調査権は委員会の権限ですから、個々の委員が自由に所管事項について執行機関に質問することではなく、委員会として所管事項のうち調査を行う事項を具体的に議決をもって特定して行うものです。

第26章　会議の公開と秘密会

Q 「会議の公開」とはどういうこと？地方議会の会議のすべてが対象になるの？

A 「会議の公開」とは、会議を自由に見聞し、またその内容を自由に知らせること、さらにその会議の記録を自由に閲覧するのを保障することです。
地方自治法でいう「会議」とは「本会議」のことです。委員会等、議会内部の会議については、議会の判断に委ねられています。

会議公開の原則

間接民主制では、住民代表である議員が住民の意向や要請を議会審議に反映させているか、あるいは議会活動そのものにおいて住民の意向を反映した運営がなされているか等を、住民が確認できる必要があります。
そのためには、住民代表機関である議会の活動を住民に公開すべきだということになります。これを「会議公開の原則」と言い、会議原則の一つであると考えられています。

「会議公開の原則」の具体的な内容としては、
①傍聴の自由
②報道の自由
③会議記録の閲覧の自由
の3つがあるとされています。

法的には、地方自治法第115条に「普通地方公共団体の議会の会議は、これを公開する」とされ、さらに、第123条第1項に「議長は……会議録を作成させ、並びに会議の次第及び出席議員の氏名を記載させ、又は記録させなければならない」、同条第4項に「議長は、……会議の結果を普通地方公共団体の長に報告しなければならない」と規定されています。

「これを公開する」という規定はまさに傍聴、報道の自由を保障する規定です。しかし会議録については、作成を義務付けてはいますが、一般に公表すると規定していません。もっとも、記録を作成した以上はその公表は「会議の公開」の概念に含まれると解されます。

これに対し、国会については、憲法第57条第1項及び第2項に「両議院の会議は、公開とする」、「両議院は、各々その会議の記録を保存し、……、これを公表し、かつ一般に頒布しなければならない」と規定されており、会議録の公表も明文で規定されています。

対象となる「会議」

「会議公開の原則」を規定する憲法、および地方自治法にいう「会議」とは、「本会議」のことです。

つまり「会議公開の原則」は、委員会その他の内部審査機関には適用されないものと解されているのです。委員会等の公開は、各議会の判断に委ねられています。標準委員会条例は、「委員会は、議員のほか、委員長の許可を得た者が傍聴することができる」（県委条例16、市委条例19、町村委条例17）としており、原則公開ではなく、許可制としています。

委員会の会議を原則公開としない理由については、以下の2点があります。

① 委員会は内部機関に過ぎず、本会議の予備的審査機関であり、その決定が議会としての最終意思決定ではないので、公開の必要性が乏しい。

② 委員会審査は一般的に「懇談の場」として認識されており、当該地方公共団体の最善の政策選択を求め、委員同士が自由闊達《かったつ》に議論し、委員間の互譲《ごじょう》、調整機能が発揮されることが期待されている。

そうした委員会という場を自由公開すると、傍聴者を意識し自由な議論や互譲が阻害されるおそれがある

――などとされてきました。

しかし、委員会の審査結果が当該議会の最終意思決定ではないというものの、実際には委員会の審査結果が議会の最終意思となるのが通常であり、むしろ、「委員会こそ公開すべきである」とする意見もあります。

本会議で委員会の審査経過が詳細に報告されない実

態があります。つまり本会議だけ公開されても、住民は、なぜ議会がそういう決定をしたのか理解できず、どういう議論がなされたのかも詳細に知ることはできないのです。

「議会の監視や批判の材料が提供されていない」という指摘も否定できません。

そのような状況を反映しているのでしょうか。すでに委員会の傍聴の許可制を廃止し、原則公開とする委員会条例を制定して運用している議会が数多くあります。むしろ現在ではそのような議会が多数派となりつつあるのではないでしょうか。

傍聴の自由と制約

「傍聴」とは住民が会議の模様を直接見聞することであり、その自由は会議公開の基本です。

「自由」とは基本的にその権利を有していることであり、傍聴にあたり審査や許可を必要としない、ということです。

しかし、自由とはいっても議場の秩序を維持するために必要な制限、制約が否定されるものではありません。

会議の傍聴についての制限、制約について、地方自治法は「傍聴人が公然と可否を表明し、又は騒ぎたてる等会議を妨害するときは、議会の議長は、これを制止し、その命令に従わないときは、これを退場させ、必要がある場合においては、これを当該警察官に引き渡すことができる」（地自法132①）、「傍聴人が騒がしいときはすべての傍聴人を退場させることができる」（地自法132②）としています。

さらに、議長に対しては以上のほか、傍聴に関しては必要な規則を定めなければならない、としています（地自法132③）。

報道の自由と制約

「報道の自由」とは、その会議の経過、結果あるいは模様を主にテレビ、新聞等の広報媒体を通じて、広く住民に知らせる自由を言います。

本来は住民が直接見聞することが望ましいのですが、本会議場の場所的制約や会議時間帯、あるいは地理的状況などの理由により、希望するすべての住民が実際に傍聴するのには限界があります。その補完こそが報道には期待されており、それが本来の報道の自由の意図となります。重要な意味を有しているのです。

報道の自由といっても、基本的には報道関係者といえども傍聴者ですから、一定の制約はあります。

標準会議規則によれば、傍聴人はカメラや録音機等の機材の持ち込みは基本的にできないことになっています。議長の許可を要するのですが、報道関係者はこの許可を受ける手続きが必要であるとされています。

そうした許可は議会審議の妨げとならないことが前提です。一定の制約があることは止むを得ません。この制約をもって「報道の自由を侵害した」ということにはならないと考えられています。

また、傍聴は一定の指定された傍聴席において行うものですから、議場内にテレビカメラ等を設置することは報道の自由の範疇とは言えません。それを許可するか否かは議場の秩序維持権を有する議長の判断によるものと解されます。

会議録の調製と公表

会議を公開するということはその記録を調製し、住民が自由に閲覧できることも必要と考えられます。

そこで、前述のとおり、地方自治法は会議録の作成を議長に義務付けていますが、一般住民の閲覧が自由にできる状態におくことは規定していません。

このことについては、「(会議録の作成を義務付けた地方自治法第123条第1項の規定は)資料として後日まで保存することを命じたにとどまらず、これを住民の求めに応じて閲覧させ、会議当日に傍聴できなかった者が後日会議の次第を知ろうとする場合の要請にこたえ、地方自治法第115条第1項に規定する会議公開の原則をまっとうするという趣旨に出たものと解される」とする趣旨の最高裁判決があります(昭和50年〔1975〕4月15日)。

会議録の種類と閲覧

一般的に地方議会における会議記録には2つの意味(種類)があります。

一つは会議録原本(正本)と呼ばれるもので、地方自治法第123条に基づき議長が作成させるものです。

もう一つは配布用会議録(副本)と呼ばれるもので、原本をもとに調整し、一般配布用に印刷されたものです。

地方自治法は会議録(原本)作成の義務とその写しを長に送付することを規定していますが、一般への配布については なんら規定していません。

そこで、標準会議規則は「会議録は、印刷して、議員及び関係者に配布する」（県会規125、市会規86、町村会規125）とした上で、その会議録には「秘密会の議事並びに議長が取消しを命じた発言及び（発言の取り消し又は訂正の規定により）取り消した発言は掲載しない」（県会規126、市会規87、町村会規126）こととしています。

地方自治法第123条に基づく会議録には、同法第129条に基づき議長が発言の取り消しを命じた発言、標準会議規則に基づき発言議員本人が取り消しを求め議会が許可した発言、あるいは、重複発言や単なる言い間違いの発言もそのとおりに記載しておくべきである、とするのが行政実例の考え方です。

しかし、それでは、無礼の言葉、他人の私生活にわたる言論など、いわゆる不穏当発言を公表することになり、いたずらに議会の品位を傷つけることになります。発言取り消しの意味がないことにもなります。そこで配布用会議録には、そうした発言は掲載しないこととしています。

したがって、一般の会議録閲覧請求には配布用会議録で対応することとし、原本の開示請求には応じなくても良いとしてきました。

会議録原本の開示請求

会議記録の公表は以上のように、配布用会議録によればよいのです。

しかし、情報公開条例に基づく公文書開示請求においては、原本開示が認められた例があります。

議長が発言の取り消しを命じ、配布用会議録に掲載されていない発言を閲覧すべく、住民がその部分の会議録原本の公開を求めてなされた「公文書開示請求」がありました。

当該請求に対し、会議録原本は情報公開条例において、法令または条例の規定により、開示することができないと認められる情報が記録されている公文書に該当するとして、不開示処分を行いました。すると、当該処分の取り消しを求める訴えがなされ、これが認められた判決があります。

その判旨は、簡潔に述べると、

① 会議規則は法令でも条例でもなく、情報公開条例の規定が会議規則にも準用ないし類推されるということ

はできない。

② 議会は公開されており、ホームページ上に当該発言を含めてこれを録画した動画が掲載されていることが認められる。このことから当該情報を開示することにより発言取り消し命令の趣旨が損なわれることは考えられない。（令和元年〔2019〕6月12日福井地方裁判所判決、令和元年11月20日名古屋高裁金沢支部控訴棄却、令和2年〔2020〕6月30日上告申し立て不受理決定）

——とするものです。

Q 「秘密会」って、どんなもの？

A 秘密会とは、会議公開の原則の例外として、傍聴人および関係者以外の者の退席を求めて行う会議です。

案件の内容および公開で審議した場合に関係者等に与える影響などを考慮し、特別多数議決により行う会議です。

秘密会の意義

「会議公開の原則」の例外として「秘密会」が認められています。地方自治法第115条但し書きにより、議決によって秘密会とすることができます。

秘密会の開催要件については議決要件として、議長または議員3人以上の発議により、出席議員の3分の2以上の多数で議決したときに開催できるとしているのみです。どのような場合に開催できるかといった基準については、なんら規定がありません。

したがって、議会の自由な判断に基づいて決定することができます。しかし「会議公開の原則」の例外ですから、相応の理由が求められます。

案件の内容および公開で審議した場合に、関係者や関係団体その他社会的に及ぼす影響の程度を勘案して、個々具体の事例において、慎重に判断する必要があります。

なお、秘密会の議決にあたっては討論を行わずに可否を決しなければならないとされています（地自法115②）。討論を行うと、当該秘密事項に言及することになり、秘密会とする実益を損なうことになるからです。

秘密会議決の効果

秘密会の議決を行った後の会議運営について、地方自治法はなんら規定していません。

標準会議規則は「秘密会の議決があったときは、議長は傍聴人及び議長の指定する以外の者を議場の外に退去させなければならない」（県会規101、市会規112、町村会規96）とし、議員及び関係者のほか議長が指定する者しか出席できないこととしています。

秘密会の趣旨から、秘密会における秘密事項を他に漏らしてはならないこととされています（県会規102②、市会規113②、町村会規97②）。

漏らした場合は、議員であれば懲罰の対象となり、職員の場合は地方公務員法に基づく守秘義務違反にあたり、懲戒処分の対象になります。

秘密会の議事は原本には記載しますが配布用会議録には掲載しないこととされています（県会規126、市会規87、町村会規126）。秘密会の議決をした後、その会議のすべてを秘密として捉える運営がなされていることがありますが、本来、秘密会の議決を行ってもそのすべての議事が秘密ではない場合が多いのです。後刻、会議録の調整にあたって秘密性のある部分を限定し、秘密でない部分の議事は公表する必要があると考えられます。しかし、標準会議規則では明確にされていません。

秘密会の解除

秘密会が終了後、当該秘密性がなくなったときは「秘密の解除」の議決をする必要があります。

第27章　議会と長の関係

長と議会の権限の均衡と相互抑制をはかり、行政運営を適正なものにするため、長と議会の構成員（議員）の双方を住民の直接選挙に係《かか》らしめています。そのことが逆に議会と長の対立に発展することもあります。

その場合の解決方法として、地方自治法において再議、不信任議決と解散、専決処分等の調整手段が用意されています。

以下、それらについて制度の概要を紹介します。

Q　再議ってなに？
再議のときの議会の対応は？

A

再議とは、議会が議決した事件について、長が議会に対して再審議を求めることです。

再議に付された場合、議会は再議部分について改めて審議する義務があります。

再議

再議とは議会が議決した事件について長が議会に再審議を求めることです。長が再議に付すことができる議決（再議事由）は、次の４種類です。

① 議決について異議があるとき（地自法１７６①「条例の制定若《も》しくは改廃又は予算の議決、その他の議決」）
② 議決又は選挙が権限を超え又は法令、会議規則に違反すると認めるとき（地自法１７６④）
③ 義務費の削除又は減額の議決（地自法１７７①一）
④ 非常災害、感染症予防のために必要な経費の削除又は減額の議決（地自法１７７①二）

長により再議に付されたときは当該議決の効力が議決の日に遡ってなくなります。当該議案について議決がない状態となります。

(1) 議決について異議があるとき(地自法176①)

再議に付しうる議決は、「当該議決が効力を生ずることについてまたはその執行に関して異議若しくは支障のある議決を言うのであって、否決されたものについては、効力または執行上の問題は生じないので再議の対象にはならない。」(昭和26年〔1951〕10月12日、行実)とされています。

長は再議に付す場合は議決の日から10日以内にその理由を示して議長に再議書を届ける必要があります。「条例の制定若しくは改廃又は予算の議決」については、議長から地方自治法に基づく送付を受けた日から10日以内に再議に付すことができます。

この期間が経過すると再議権が消滅し、再議に付すことができなくなり、当該議決は確定します。

異議があるのがその一部でも再議に付すのは議案全体なので、異議のない部分を執行し、異議がある部分のみを再議に付すということはできません。また条例の制定改廃、または予算を執行してしまうと再議に付すことはできません。

再議に付されると当該議決の効力が議決の日に遡ってなくなります。当該議案について議決がない状態となります。

再議に付した時期とは、同一会期中の場合は「再議理由を明らかにした再議書が議長の手元に到達したとき」であり、閉会後の場合は「長が臨時会を招集し、付議事件を告示し、再議書が議長に到達したとき」と解されています。

再議の場合の審議対象は「長が異議ありとした部分」であり、審議順序は通常の議案と同様、長の再議理由の説明→質疑→討論→採決という順番です。再議理由の説明聴取、質疑の後、審議した結果により、議会として新たな修正を提案することも可能です。そのような場合は先に修正案を諮《はか》るのが一般的な流れですが、行政実例は、はじめに先の議決のとおり決することを諮り、賛成者が所定数以上(再議の件の議決要件は、条例または予算については出席議員の3分の2以上という「特別多数議決」、その他の事件は過半数議決)の場合に、前の議決が確定するとします。所定数の賛成が得られなかった(否決された)ときは、改めて原案について審議を進めます。したがって、新たな修正案の提出もありうる、と解されています。

なお、議員提出議案について異議があり再議に付され、所定数の賛成がなかった場合、原案は廃案となります。改めて原案について審議することができないとされています（昭39年（1964）4月9日、行実）。

長提出議案と議員提出議案の取り扱いが異なる理由はないと考えられますが、総務省（当時の自治省）の解釈ではそのようになっています。その理由は、「議員提出議案について再議の結果、前の議決のとおり決することが成立しないということは議会が先の議決のとおり決定しないという意思の表れであるから、当然廃案になる」というものです。長の議案提出権あるいは長の政策提案を優位とする考えがこの解釈の根底にあり、議員提出議案を軽視するものと思えてなりません。

（2）議決又は選挙が権限を超え又は法令、若しくは会議規則に違反すると認めるとき（地自法176④）

再議の対象となるものは「議決及び選挙」であり、「決定」は対象になりません。すなわち「投票の効力に関する異議の決定、資格決定は対象とならない」と解されています。

「権限を超える」とは、議会の権限とされている範囲外の事項であり、「法令若しくは会議規則に違反する」とは権限を超える場合のほか、手続き又は要件に瑕疵《かし》がある一切の違法な場合と考えられていますが、その認定権は長にあるとされています。

この再議は議案が否決の場合でも手続き又は要件に瑕疵があれば対象になります。再議に付すことができる期限はありません。再議に付すことが長の義務として規定されていることから、違法と認めたときは直ちに再議に付すことが要求されます。それに当たって理由を明確にしなければならないことは同様であり、再議に付されたことにより、議決又は選挙の効果はその議決又は選挙の日に遡ってなくなります。つまり議決又は選挙はなかった状態となります。

この再議の議事は(1)の場合と同様に先の議決のとおり決することを諮ることになりますが、手続き、要件に瑕疵があった場合は適法な手続き又は要件を備えて議決をし直せばよいので先の議決のとおりを諮る必要はないものと考えます。選挙についても同様に適法な手続き又は要件を備えて再選挙を行う以外にありません。

再議に付した事件又は選挙がなお、権限を超え又は法令、会議規則に違反すると認めるときは、長は「都道府県においては総務大臣」に、「市町村にあっては都道府県知事」に対し、審査を申し立てることができます。申し立てがあった場合は総務大臣又は都道府県知事は審査の結果、権限を超え又は法令、会議規則に違反すると認めるときは、当該議決又は選挙を取り消す旨の裁定をすることができます（地自法176⑤、⑥）。この裁定に不服があるとき、議会又は長は裁判所に出訴することができます（地自法176⑦）。

（3）義務費の削除又は減額の議決（地自法177①一、②）

再議の対象は「法令により負担する経費、法律の規定に基づき当該行政庁の職権により命ずる経費その他の普通地方公共団体の義務に属する経費」（地自法177①一）の削除又は減額の議決ですが、この経費を含む予算の否決は同条の再議の対象になります（昭30年［1955］、3、19行実）。再議に付すのは長の義務として規定されています。

再議決の要件は過半数議決であるが先の議決のとおり諮った結果、可決された場合は、長は当該経費を予算委計上して支出することができます。

否決された場合、議会は予算を議題として新たな審議を行うことになります。

（4）非常災害、感染症予防のために必要な経費の削除又は減額の議決（地自法177①二、③）

再議の対象は「非常の災害による応急若しくは復旧施設のために必要な経費又は感染症予防のために必要な経費」（地自法177①二）の削除又は減額の議決です。

再議に付すのは長の義務として規定されていますが、非常災害、感染症予防のために必要な経費の具体的な定義はありません。

再議決の要件は過半数議決であるが先の議決のとおり諮った結果、可決された場合は、長は長に対する不信任議決とみなすことができます（地自法177③）ので、議会を解散することができます。

否決された場合、議会は予算を議題として新たな審議を行うことになります。

Q

長の専決処分ってなに？
どういうときにできるの？

A

専決処分とは議会の議決事件を特定の場合に限り長が変わって決定することです。

地方自治法が認める特定の理由がある場合と、議会が自ら軽易な事件について長に委任した場合があります。

専決処分とは

専決処分とは議決機関である議会で議決すべき事件を執行機関である長がその判断に基づき、長の責任において決定することです。地方自治法が認める特別の理由がある場合に行うことができるもの（地自法179）と、議会の権限に属するが軽易な事項として議会の議決により指定した事件について行うことができるもの（地自法180）があります。

地方自治法が認める特別の理由

（1）議会が成立しないとき

議員定数の半数以上の議員が在職しており、長の招集に応じ半数以上の議員が参集して議会活動を行いうる状態にあるときを議会の成立とされています。

したがって、「議会が成立しないとき」とは、議会が解散されたり議員が総辞職したりして議員が全く存在しない場合又は何らかの事由により定数の過半数の議員が欠員となっている状態を言います。

（2）地方自治法第113条ただし書きの場合においてなお会議を開くことができないとき

議会は議員定数の半数以上の議員が出席しなければ会議を開くことができないところ、地方自治法第113条は例外的に①除斥により半数に達しないとき、②同一事件につき再度招集しても半数に達しないとき、③招集に応じても出席議員が定数を欠き議長が出席を催告してもなお半数に達しないとき若しくは半数に達してもその後、半数に達しなくなったとき―は定足数を欠いても会議を開くことができるとしていますが、それでも、会議を開くことができないとき、すなわち議長を含め出席議員が3名を欠いた場合を言います。

（3）長が特に緊急を要するため議会を招集する時間的余裕がないことが明らかであると認めるとき

議会招集には都道府県及び市にあっては開会の日前7日、町村では3日前までに告示することが必要で、緊急を要する場合はこの限りではないとされています（地自法101）。

しかし、緊急を要する場合といえども議会の招集に応じて議員が参集することができる時間的余裕が必要です。そうした時間的余裕がないことが明らかであると長が認定したときは必要により長が専決処分できるとされています。そうであるとすれば、現代においてはさすがに開会日当日の告示では対応できませんが、それほどの日数は必要としないと考えられます。

しかし、実際に専決処分が行われた理由のほとんどが「時間的余裕がないとき」とされています。

このことは、「…長において……特に緊急を要するため議会を招集する時間的余裕がないことが明らかであると認めるとき、…」とは議員の参集の時間的余裕のみを考慮することだけではなく、招集する側、すなわち長側の議会対応のための諸準備や議決事件の対応のために要する時間的余裕が考慮された結果であると推測されます。

現実的な対応として理解できなくはありませんが、専決処分は議会の権限を長が代わって行使することであり、議会の権限をその限りにおいて停止させることであるので、慎重な対応が求められるべきではないでしょうか。

（4）議会が議決すべき事件を議決しないとき

「議会が議決すべき事件を議決しないとき」とは、

①議会が故意に議事を遷延し議決しないとき、

②議会が審議をしているが何らかの理由により議決に至らないとき、

③議会が審議を進めているが天災その他審議を継続することが困難な事由により審議が中断している場合等です。

その認定権は長が有していますが、この規定を適用するためには、具体的事情の下に客観的根拠に基づいて「議会において議決すべき事件を議決しないとき」が認定されるべきもの（昭26年〔1951〕・5・31行実）とされています。

専決処分の対象

行政の執行に関係しない事件は対象にはなりません。また、否決された事件は専決処分できません。さらに、副知事、副市町村長の選任同意も専決処分できません。

専決処分後の措置

長は179条に基づき専決処分をしたときは次の会議に報告し承認を求めなければなりません。

次の会議とは処分後最初の会議のことであり、会期中に処分した場合は会期中の最初の会議であり、閉会中であれば次の定例会又は臨時会の初日の会議です。条例の制定改廃又は予算に関する処分についての承認を求める議案が否決されたときは、長は速やかに当該処分に関して必要と認める措置を講ずるとともにその旨を議会に報告しなければなりません（地自法１７９③、④）。

Q 長の不信任議決とは？手続きとその効果は？

A

長の不信任議決は、議会の機関意思の表明ですが、地方自治法上は長を失職させる効果を有する議決です。長が議長から議決の通知を受けた日から10日以内に議会を解散しないとき長は失職します。

議会を解散すると、すべての議員が失職します。

長の不信任議決と議会の解散

長と議会の権限の均衡と相互抑制を図り、行政運営の適正化の確保をはかるべく、長と議会の構成員である議員の双方を住民の直接選挙によるとしていますが、議会と長の間に対立が生じ行政運営に支障が生じた場合の解決策として、議会には長の不信任議決権を長には議会解散権を付与し住民の判断に委ねるものです。

本来、ともに住民の直接選挙により選任される制度において、議会が長を信任しないという意思表示を行うことはおかしなことであり、仮に行っても事実上の意思表示に過ぎないはずのものです。

しかし、これに長を失職させることができる法的な権限を認め、それに対して長には議会の解散権を認めた制度です（地自法１７８）。

不信任議決の手続きとその効果

長の不信任決議案は機関意思決定議案であるので、地方自治法第１１２条の提出要件は要せず、各議会の会議規則に定める提出者数によります。

審議に当たっての定足数は通常の審議と同様議員定数の半数以上の出席があれば可能ですが、採決にあたっての定足数と議決要件は１７８条1項による場合は議員定数の3分の2以上の出席により4分の3以上の同意が、同条第2項による再度議決の場合は議員定数の3分の2以上の出席により過半数の同意が必要とされています。

①議会は長の不信任の議決をしたときは議長から長に通知しなければなりません。この場合において長は通知を受けた日から10日以内に議会を解散することができます（地自法178①）。

②長は10日以内に議会を解散しないときは期間が経過した日に失職し、解散した場合に、解散後初めて招集された議会において再度、不信任の議決がなされ、その旨の通知があったときは失職します（地自法178②）。

おわりに

近年、地方議会議員の「なり手不足」が小規模自治体を中心に進行しています。

これは住民自治の基本にかかわる深刻な問題ですが、その原因の一つには地方自治、とりわけ議会に対する住民の評価と関心の低下にあると思います。

議会に対する住民の評価が低いことは今に始まったものではなく従前より問題になっていたものですが、いまだ解決されるに至っていません。

議会に対する住民の適正な評価を獲得し、住民の自治意識、政治参加意識を高めていく役割は現に議員として活躍し議会の機能発揮に尽力されている議員諸兄が担っていくしかありません。

なぜならば、そうした役割は地方議会の役割そのものであり、それを担うのは議員以外にいないからです。他のいかなる機関や誰の責務でもないのです。

そのような役割を果たすには、議会活動をより活性化し議会機能を十分に発揮しその存在の必要性を住民に知らしめ、理解させることが必要です。

そのためには、議員諸兄はもとより住民に分かりやすく議会の機能発揮に繋がる制度改革や柔軟な議会運営を実現する必要があると思います。

議会の運営に正解はありません。現行の制度や、運営方法が絶対ではありません。現行制度や運営基準の趣旨を理解し、それぞれの団体に適した、新たな運営方法を模索し、より良い制度の実現に向けた活動を展開することが必要かと思います。

従来の制度、運営の趣旨を理解した上で、より議会の機能発揮に繋がる議会活動の新たな展開を求め、それを実現し、住民に知らしめていくことが議会に対する住民の評価と自治意識、政治参加意識の高揚に繋がるものと考えます。

議員諸兄の奮闘を願って止みません。

最後に本書の発行にあたり、助言やご協力をいただきました中央文化社編集部の方々、市及び町村議会議長会事務局の議事関係担当者の方々に対し心より感謝申し上げます。

2023年9月

鵜沼　信二

【著者略歴】

鵜沼　信二（うぬま　しんじ）

元全国都道府県議会議長会
事務局次長

全国都道府県議会議長会事務局に入局、その後、千葉県議会事務局に出向し実務に触れる。同事務局議事調査部長、総務部長、事務局次長を経て平成 24 年（2012）3 月退職。現在は市、町村議会議員・職員研修会等に出講。

最近の著書には『地方議会実務講座（改訂版）』（ぎょうせい・共著）、『実務必携 地方議会・議員の手引き』（新日本法規・共著）などがある。

ポイント別でわかりやすい！　地方議会・議員の基礎知識

2023 年 9 月 22 日　初版発行
2024 年 1 月 15 日　2 版発行

著　者　鵜沼　信二
発　行　株式会社中央文化社
〒102-0082　東京都千代田区一番町 25 番地
全国町村議員会館
http://chuobunkasha.com
電　話　(03) 3264 - 2520
ＦＡＸ　(03) 3264 - 2867
振　替　00120 - 1 - 141293
印刷所　株式会社エデュプレス

Book Design　Takemi Otsuka

ISBN978-4-9911765-2-4　C0031